기독교문서선교회(Christian Literature Center: 약칭 CLC)는 1941년 영국 콜체스터에서 켄 아담스에 의해 시작되었으며 국제 본부는 미국 필라델피아에 있습니다. 국제 CLC는 59개 나라에서 180개의 본부를 두고, 약 650여 명의 선교사들이 이동도서차량 40대를 이용하여 문서 보급에 힘쓰고 있으며 이메일 주문을 통해 130여 국으로 책을 공급하고 있습니다. 한국 CLC는 청교도적 복음주의 신학과 신앙서적을 출판하는 문서선교기관으로서, 한 영혼이라도 구원되길 소망하면서 주님이 오시는 그날까지 최선을 다할 것입니다.

추천사

신 규 식 목사
기독교한국침례회 대전제일침례교회 담임

『므두셀라, 그가 죽으면 종말이 온다』를 출간하게 됨을 하나님께 감사하고 저자에게 축하를 드립니다.

이 책은 성경의 이야기입니다. 이 책을 쓴 저자는 예수를 구세주로 믿고 영접한 후 성경을 읽고 공부하여 인생과 운명이 바뀐 이이며. 성경 안에서 다가올 미래를 어떻게 살 것인가를 고민하며 이 책을 썼습니다.

저자는 간호대학을 졸업하고 지금도 간호사로 일을 하고 있습니다. 청년 시절에 '대학생성경읽기선교회'(UBF)에서 하나님의 말씀을 공부하고 실천하는 법을 훈련받고 가르치기도 하였습니다. 오스트리아에서 선교사역을 했고 말씀의 능력을 믿으며 오랜 시간 동안 한 교회에서 성경교사로 헌신하고 있습니다.

자신의 사랑하는 두 딸과 믿지 않는 사람들에게 전도하기 위하여 이 글을 쓰다 보니 책이 되었습니다.

저자는 하나님 앞에서 거룩한 삶을 추구하며 지성과 영성을 갖추고자 사모하며 걸어 온 사람입니다. 성경에서 세상의 과거와 현재와 미래를 보았습니다. 그리고 지금 일어나는 현상들을 보며 예수님의 재림의 타임이 긴박함을 알게 되었습니다.

이 책은 하나님의 선택과 예수 그리스도의 구속과 성령의 인침을 받은 구원받은 자, 곧 믿음으로 구원받은 자로서 다시 오실 예수 그리스도를 사모하는 신앙을 갖고 세상 종말을 준비하는 성도의 신앙생활을 기록한 것입니다.

그것도 목회자의 시선이 아니라 한 교회의 성도의 관점에서 믿음의 매뉴얼을 만든 것입니다. 저자는 유명한 신학자나 목회자도 아닙니다. 그러니 이 책은 신학이 아닌 신앙을 다룬 책입니다. 하지만 이 책 안에 창조론, 신론, 기독론, 성령론, 교회론, 구원론, 인간론, 종말론 등 조직신학에서 다루는 주제들이 흐르고 있습니다.

이 책은 성도로서 어떻게 살아야 할 것인지, 자신의 엔드 타임(End time)과 세상 마지막 때를 어떻게 준비해야 할 것인가를 알려 주는 책입니다.

저자는 성경 안에서 인생의 문제를 풀어 왔고 풀어 가고 있습니다, 진정한 자유와 생명을 얻어 하나님의 영광을 위하여 구별된 삶인 '거룩'을 향해 나아가기를 열망합니다.

므두셀라의 삶을 집중적으로 조명하고 그가 외친 하나님의 말씀을 오늘 살아가는 우리들에게 적용하여 멸망하지 않고 구원받아야 하고, 그리스도인으로서 세상을 향해 가진 사명이 영혼구원임을 강조합니다.

그리고 저자는 오늘날 사람들이 예수를 믿고 영벌을 받지 말고 영생을 얻게 해야 한다는 사명을 갖고 쓴 책입니다. 세상에 소리가 많아도 마지막 때는 그 어느 소리보다 하나님의 말씀에 귀를 기울여야 함을 강조합니다. 그리고 귀 있는 자들에게 성령께서 하시는 말씀에 집중하기를 권고합니다. 세상을 필터링할 수 있는 영적 통찰력을 가지고 하나님 말씀에 대해 민감한 반응을 보이며 순종하여 다가올 미래를 준비해야 함을 깨닫게 합니다.

이 책은 불안하고 불확실한 현실과 미래의 어두운 터널을 지나 앞으로 다가올 밝은 세상을 보여 줍니다. 절망적인 현실의 벽을 넘어 오직 예수 안에서 다가오는 희망의 미래를 밝혀 줄 것입니다. 매우 복잡하고 혼란하고 치열한 선악의 싸움 끝에 나타날 새로운 세계로 안내할 것입니다.

므두셀라, 그가 죽으면 종말이 온다

Muthuselah, When He Dies, Judgement
Written by Jae Shin Mun
All rights reserved.
Korean Edition Copyright © 2023 by Christian Literature Center, Seoul, Korea.

므두셀라, 그가 죽으면 종말이 온다

2023년 7월 30일 초판 발행

지 은 이 | 문재신

편　　 집 | 임동혁
디 자 인 | 박성준, 박성숙
펴 낸 곳 | (사)기독교문서선교회
등　　 록 | 제16-25호(1980. 1. 18.)
주　　 소 | 서울특별시 동대문구 천호대로71길 39
전　　 화 | 02-586-8761~3(본사) 031-942-8761(영업부)
팩　　 스 | 02-523-0131(본사) 031-942-8763(영업부)
이 메 일 | clckor@gmail.com
홈페이지 | www.clcbook.com
송금계좌 | 기업은행 073-000308-04-020 (사)기독교문서선교회
일련번호 | 2023-52

ISBN 978-89-341-2575-4 (03230)

이 책의 출판권은 (사)기독교문서선교회가 소유합니다.
신저작권법에 의하여 한국 내에서 보호를 받는 저작물이므로 무단 전재와 무단 복제를 금합니다.

문재신 지음

므두셀라

Methuselah

그가 죽으면
종말이 온다

CLC

목차

추천사	1
신 규 식 목사 ǀ 기독교한국침례회 대전제일침례교회 담임	
저자 서문	10
제1장 　창 던지는 자	13
제2장 　위로의 아들 1	18
제3장 　위로의 아들 2	34
제4장 　말씀의 창 1	45
제5장 　말씀의 창 2	56
제6장 　깨어 있는 삶	68
제7장 　므두셀라 (구원의 복음)	79
제8장 　구별됨	107
제9장 　회개	112
제10장 　므두셀라의 사명 1	128

제11장	므두셀라의 사명 2	145
제12장	므두셀라의 사명 3	157
제13장	기도의 창	168
제14장	므두셀라의 신분 1	181
제15장	므두셀라의 신분 2	190
제16장	므두셀라의 자리 지킴	199
제17장	므두셀라의 창 끝	212

저자 서문

지난 세대에 유례없는 코로나19바이러스(covid-19)의 세계적인 대유행으로 우리의 일상과 신앙생활에도 엄청난 지각 변동이 일어나게 되었다. 정부 지침에 따라 모임 인원이 통제되고, 온라인을 통해 예배가 드려져야 하는 상황 속에서 마지막 시대를 알리는 신호탄이 나의 마음을 강타하는 것 같았다.

이런 가운데 성경에서 가장 장수한 인물인 '므두셀라'의 삶을 집중 조명해 보면서 그가 전해 주는 외 마디 복음에 귀를 기울이게 되었다. 장차 다가올 심판과 구원의 복음을 외치며 종말의 시대를 살아낸 므두셀라의 삶은 지금 이 시대를 살아가고 있는 나에게도 큰 울림이 되었다.

므두셀라에게 임했을 엄청난 심판의 소식과 이를 듣고 난 후 재편되어야만 했을 그의 삶의 발자취, 므두셀라의 긴박한 심정 등에 감정이입하며 글을 작성하였으며, 마지막 시대를 살아가고 있는 우리 시대에 적용해 보는 기회가 되었다.

또한, 므두셀라가 전하는 복음을 이제 막 사회생활을 시작한 딸과 전도 대상자들에게 전해 주고자 하는 마음으로 글로 적게 되었다.

므두셀라의 메시지는 "재앙의 자리를 속히 떠나라"고 절규하시는 하나님의 재난 대피 방송과도 같다. 죄악이 관영한 시대에 므두셀라가 자신의 존재를 다하면서까지 외쳤던 '그가 죽으면 심판이 온다'는 메시지는 심판 그 자체보다 "멸망의 자리에서 속히 떠나 영생을 취하라"는 하나님의 구원 메시지이며 역설적인 사랑의 표현이다.

심판에 대한 경고의 메시지는 '망하고 죽으라'는 것이 아니다. 하나님의 본심은 '듣고 살라'는 것이다.

그가 죽으면 종말이 온다!

므두셀라의 이 같은 메시지는 얼마나 간절하고 절박한 외침인가?

장차 있을 심판에 대한 예고는 이 소식을 믿음으로 받는 자에게 주시는 복음 중의 복음이 아닐 수 없다. 므두셀라를 통해 전해 주는 구원의 복음을 써 내려갈 수 있기까지 수없이 많은 믿음의 동역자에게 사랑의 빚을 지게 되었다.

대학 시절 나에게 복음을 전해 준 믿음의 친구 김영미 선교사, 말씀으로 신앙의 기초를 세워 준 '대학생성경읽기선교회'(UBF) 이요한 선교사님, 류사라, 노헬렌 사모님, 이천석 목사님, 김모세 목사님께 감사의 마음을 전하고 싶다. 구원의 복음과 성령의 역사, 그리스도의 몸된 교회에 대해 조명해 주신 조성완 목사님께도 감사드린다.

이 책이 쓰여지기까지 아비와 스승의 마음으로 늘 기도해 주시며 항상 힘 있는 말씀으로 영감을 불어 넣어 주신 신규식 담임목사님께도 깊은 감사를 드린다.

기도의 파수꾼으로 가정과 자녀들을 지켜 내고 아름다운 신앙의 본을 보여 주셨던 천국에 계신 엄마에게도 존경과 감사를 표한다.

항상 든든한 기도의 지원군이 되어 준 남편과 하나님의 복되고 존귀한 두 딸 조은, 조이에게 축복과 감사의 마음을 전한다.

그리고 출판을 감당해 주신 기독교문서선교회(CLC)와 수고해 주신 직원분들께 감사드린다.

끝으로 샛별같이 빛나는 우리 교회 여섯 명의 주일학교 아이들에게 감사하고 이들을 축복하며 이 글을 맺는다.

제1장

창 던지는 자
(그가 죽으면 종말이 온다)

므두셀라는 하나님과 동행한 에녹의 아들로 969세까지 살았던 성경에서 가장 장수한 인물이다.

영국의 성경학자 토마스 뉴베리(Thomas Newberry, 1811-1901)에 의하면, "므두셀라"의 본래 뜻은 "창 던지는 사람"이라고 한다.

고대 중동 지방의 부족들은 전쟁을 할 때 창을 가장 잘 던지는 사람이 마을 입구를 지키고 있었다고 한다.

한 부족이 다른 부족을 쳐들어갈 때 마을 입구에서 창을 가장 잘 던지는 사람을 죽이면 그 부족은 적들에 의해 전멸되기가 쉽다. 마을 입구의 창 던지는 자가 죽게 되면 침략자들에 의해 마을이 불태워지고 약탈과 큰 살육을 당하게 되는 것이다.

이처럼 창 던지는 자가 죽으면 전쟁은 패배로 끝나게 되고, 그 부족에게 큰 재앙과 환란의 날이 시작되는 것이다.

여기에서 유래되어 므두셀라는 "그가 죽으면 종말이 온다"는 뜻이 되었다고 한다.[1]

므두셀라가 살던 시대는 가인의 후손들이 번성하던 시대이다. 이 당시 가인의 후손들에게는 생명 경시 풍조와 일부다처제가 만연해 있었다. 또, 힘의 논리가 세상을 지배하면서 네피림(용사)이 유명해지고 강자에게 권력과 부가 편중되고 있었다.

가인이 농사를 지어 하나님께 제물을 드렸던 것을 볼 때 정착과 저장을 할 수 있는 시대였으며, 동과 철로 기구를 만들면서 생활의 편리도 더해 가고 있었다. 이들은 전문 직종을 형성하고 세속적인 성공과 명성을 좇는 삶을 살아가고 있었다.

하나님을 떠나 살던 가인의 후손들은 도시를 세우고 자기 이름을 과시하며 육체적 욕망을 따라 살아가게 되었다. 하나님의 형상대로 지음 받은 사람들이 육체가 되어 살아가는 시대가 된 것이다.

마태복음 24:38-39에서는 이 당시 사람들의 관심과 목적이 먹고 마시고 시집가고 장가가는 데 있었다고 말씀하고 있다.

> 홍수 전에 노아가 방주에 들어가던 날까지 사람들이 먹고 마시고 장가 들고 시집가고 있으면서 홍수가 나서 그들을 다 멸하기까지 깨닫지 못하였으니(마 24:38-39).

---

1 이동원 목사, <영원한 동행> 설교 참조.

먹고 마시고 시집가고 장가 가는 것은 우리 삶에 가장 필수적이고 소중한 일상이 아닐 수 없다. 그러나 이것이 목적이 되는 삶은 결국 타락한 삶을 자초하게 된다. 하나님의 아들들은 사람의 딸들의 아름다움을 보고 자기들이 좋아하는 모든 사람을 아내로 삼았다.

성적 타락이 만연해지면서 방파제가 무너지듯이 가정이 파괴되어갔고 사회 질서가 무너져 내리기 시작했다. 마침내 세상에 죄악이 가득하여 하나님께서 사람지으셨음을 한탄하는 지경에 이르게 된다.

이사야에서는 1장부터 하나님 없이 사는 사람들의 타락상을 신랄하게 고발하고 있다. 하나님을 떠나 우상을 좇아 사는 사람들의 삶은 포악하고 탐욕스럽고 부도덕했다. 하나님께서는 이 백성들의 죄악상을 "허물진 백성, 행악의 종자, 행위가 부패한 자식"이라고 말씀하신다.

신실하던 성읍은 창기가 되었고 정의와 공의 대신 살인자들로 가득하다고 하셨다. 백성들은 서로 학대했고 이웃을 잔해하며 장로와 고관들은 백성들을 짓밟으며 가난한 자의 얼굴에 맷돌질을 한다고 했다.

이른 아침부터 독주를 마시고 밤이 깊도록 취했으며, 여자들은 요란한 장신구를 찼고, 정을 통하는 눈으로 아기죽거리고 쟁쟁거리면서 다닌다고 했다. 성령의 충만을 받아야 할 하나님의 백성들이 독주에 취한 삶을 살아가게 된 것이다. 여자들은 온갖 장신구로 몸을 치장하고 정을 통하는 눈으로 남자들을 유혹하는 데 에너지를 쏟는 삶을 살아가게 된다.

이처럼 성적으로 도덕적으로 타락한 삶은 노아 시대에도 만연해서 노아가 600세 되던 해 홍수가 나기까지, 수몰되어 죽기까지 이어진 것이다. 이 당시 가인의 후손들 족보에는 오늘날의 명함과 같이 그들의 직업과 화려한 이력이 함께 적혀 있다. 육축 하는 자의 조상 "야발", 동과 철로 기구를 만드는 자의 조상 "두발가인", 유명 음악가 "유발"과 같이 그들의 직업이 명시되어 있다.

그러나 므두셀라의 후손들에게는 특별한 직업이나 이력이 나오지 않는다. 므두셀라의 후손들은 하나님을 떠나 사는 가인의 후손들과는 대조적으로 그들의 이력을 강조하고 있지 않다. 왜냐하면, 하나님이 친히 이들의 기업이 되고 보증이 되어주시기 때문이다.

이 당시 족보만 비교해 보더라도 권력과 부를 소유한 가인의 후손들이 세상을 호령하고 이끌어 가는 것 같이 보인다.

그러나 이 세상이 망하고 흥하는 기준은 묵묵히 믿음의 계보를 잇고 있는 므두셀라에게 달려 있음을 우리는 그의 이름과 족보를 통해서 확인할 수 있다. '이 세상이 유지되느냐, 멸망하느냐'의 기준이 화려한 이력이나 가문의 영광을 자랑하는 가인의 후손들에게 달려 있지 않았고, 하나님과 동행했던 에녹의 자손들에게 달려 있었다.

므두셀라, 그가 죽으면 종말이 온다.

즉, 므두셀라가 살아 있는 동안은 세상이 멸망하지 않는다는 것이다.

여호와 하나님을 기업으로 삼고 300년 동안 하나님과 동행했던 에녹의 자녀 므두셀라에게 세상의 명운이 달려 있다는 것이다.

실제로 므두셀라가 죽은 969년, 노아가 600세 되던 해 그의 이름대로 홍수심판이 시작되었다.

> 노아가 육백 세 되던 해 둘째 달 곧 그 달 열이렛날이라 그 날에 큰 깊음의 샘들이 터지며 하늘의 창문들이 열려 사십 주야를 비가 땅에 쏟아졌더라(창 7:11-12).

특이하다고 할 만한 이력이 없던 므두셀라가 어떻게 세상을 멸망으로부터 건져 냈겠는가?

제2장

위로의 아들 1
(이 아들이 위로하리라)

노아는 라멕이 182세에 낳은 아들이다.

창세기 5:29에는 므두셀라의 아들 라멕이 아들 노아의 이름을 지은 배경을 이렇게 기술하고 있다.

> 이름을 노아라 하여 이르되 여호와께서 땅을 저주하시므로 수고롭게 일하는 우리를 이 아들이 안위하리라 하였더라(창 5:29).

라멕은 하나님과 동행하여 죽음을 보지 않고 하늘로 들려 올라간 에녹의 손자이다. 그런데 므두셀라의 아들 라멕이 자녀를 낳고 이름을 노아로 지은 이유를 다음과 같다고 기록하고 있다.

> 여호와께서 땅을 저주 하시므로 수고롭게 일하는 우리를 이 아들이 안위하리라(창 5:29).

여기서 "땅이 저주받았다"는 것은 땀 흘리고 수고를 해도 그 땅에서 가시와 엉겅퀴가 나고, 그 땅 사람들이 기근과 질병과 재앙에 노출된 상태를 의미할 것이다.

또한, "땅이 저주받았다"는 것은 죄의 영향력이 땅에까지 사무친다는 것이다.

레위기 18:25에 백성들의 죄악으로 인해 그 땅도 더럽게 되었다고 했다. 그리고 마침내 죄가 목까지 차오르게 되자 땅도 스스로 그 땅 거주민을 토해낸다고 말씀했다.

레위기 18장에 나타난 것처럼 땅이 이들을 토해내기까지는 근친상간, 동성애, 짐승과의 교접 등 온갖 종류의 성적 타락의 종류가 나열되면서 이것을 금하는 말씀이 기록되어 있다.

> 그 땅도 더러워졌으므로 내가 그 악으로 말미암아 벌하고 그 땅도 스스로 그 주민을 토하여 내느니라(레 18:25).

하나님을 등지고 살았던 가인의 후손들은 죄 문제를 덮어둔 채 땅의 저주에 대해 자기 힘으로 맞서고자 했다. 이들은 동과 철로 날카로운 무기를 만들고 견고한 성을 쌓아 올렸다. 심금을 울리는 악기와 소울(soul) 감성의 음악을 대동하여 정서적 안정을 누리고자 했다.

그러나 녹슬고 쇠하게 될 땅의 것으로는 참된 위로를 경험할 수 없다. 그래서 솔로몬은 이렇게 고백했다.

> 사람의 수고는 다 자기의 입을 위함이나 그 식욕은 채울 수 없느니라 (전 6:7).

자기 입을 위한 삶, 육체를 위한 삶을 '채울 수 없는 삶'으로 결론짓고 있는 것이다. 그래서 끊임없이 리뉴얼 된 즐거움을 추구하고 점점 더 강도 높은 쾌락을 좇아 방황하게 된다. 그러다가 결국 땅이 그들을 토해 낼 지경까지 타락한 삶을 살아가게 된다.

땅에서 답을 찾을 수 없었던 자들의 선택은 하나님 자리로 올라가고자 하는 것이었다.

> 성읍과 탑을 높이 건설하여 그 탑 꼭대기를 하늘에 닿게 하여 우리 이름을 내자(창 11:4).

그러나 이 땅의 것으로 쌓아 올리는 성과 탑으로는 결코 만족할 수 없는 것이 '인간'이다. 진정한 위로는 성과 대를 높이 쌓아 하늘에 닿는다고 주어지지 않는다. 자기 이름을 내어 유명 인사가 된다고 주어지는 것이 아니다.

가인의 후손들이 구축한 신형 무기들이 그들에게 평화를 담보해 주지 못했다. 그들이 즐기는 음악과 예술로는 결코 그들의 영혼의 빈자리까지 채워줄 수 없었다. 해 아래 새 것이 없으며 참된 만족이 없다.

어거스틴은 이렇게 말했다.

인간의 내면에는 하나님만이 채울 수 있는 빈 공간이 있다.

영적인 존재인 인간에게는 절대적으로 하늘로부터의 위로와 은총이 필요하다. 라멕은 노아를 낳고 "이 아들이 위로하리라"며 소망했다.
이처럼 진정한 위로와 소망은 하나님으로부터 온다. 아들을 통한 위로도 하나님의 은혜로부터 시작된다.

그러나 노아는 여호와께 은혜를 입었더라(창 6:8).

참된 위로는 하나님의 은혜로부터 주어진다. 하나님께서는 땅의 저주 가운데서 하나님께 은혜를 입은 한 사람, 한 아들을 보내주심으로 그 땅과 그 시대를 구원해 주시고 위로해 주셨다.
노아의 이름, "이 아들이 위로하리라"는 의미는 땅의 소산을 풍성케 해 줄 아들, 장래의 소망 가운데 근심 걱정 없이 살아가게 해 줄 아들, 고통 하는 의인의 마음을 시원케 해 줄 아들의 의미를 내포하고 있을 것이다.

더 나아가 노아가 인류를 구해낼 방주를 만들고 예비한 것을 볼 때, 이 아들은 단순히 한 가정과 가문만을 위로할 아들이 아님을 알 수 있다. 이 아들은 장차 죄의 영향력에서 벗어나 땅의 저주로부터 세상을 구해 낼 아들이다.

므두셀라의 아버지 에녹은 하나님과 동행한 후 365세에 하늘로 들려 옮겨가게 된다. 그 당시 족보에 의하면 평균 수명이 대략 900세 이상 된 것을 볼 수 있는데, 에녹은 인생의 황금기에 세상을 떠난 것이다. 아버지의 영향력이 막대한 부계 사회에서 에녹은 더 이상 세상에 있지 아니한 것이다.

므두셀라의 아들 라멕이 노아의 이름을 지을 때 땅이 저주받았다고 기록된 것으로 보아 므두셀라는 아버지의 부재 속에서 수고로운 날들과 고통 하는 시대를 헤쳐 나가야 했음을 짐작해 볼 수 있다. 하늘로 들려 올라간 에녹이 남기고 간 믿음의 후계자 므두셀라와 라멕에게도 땅은 여전히 저주 아래 있었으므로 하늘의 위로와 평안이 필요했다.

라멕은 땅에서 소망을 찾을 수 없는 현실 속에서 한 아들에게 그 답을 찾고 있다. 위로의 아들을 고대하던 라멕은 아버지 므두셀라의 종말론적 신앙을 아들 노아에게 전수하고 믿음의 계보를 이어갔다.

므두셀라의 아들 라멕은 악인이 득세하는 세상에서 땅의 저주에 맞서며 하나님의 위로를 기다리는 삶을 살아냈다. 하나님께서는 그의 탄식과 부르짖음을 외면치 않으셨고, 마침내 당대에 위로의 아들을 보내 주신다. 그 아들, 노아는 대홍수로부터 인류를 구해낼 거대한 방주를 완성해 낸다. 노아가 건조한 거대한 방주의 규모나 자재 등을 볼 때, 노아는 하나님의 미션을 수행할 만한 인력 동원력과 물질의 축복도 풍족히 받았음을 짐작해 볼 수 있다.

믿음으로 살아온 므두셀라와 라멕에게 노아는 그들의 소원대로 '위로의 아들'이 되었다. 믿음의 부모에게 자녀가 하나님과 동행하며 그 구원의 계획에 동참하여 쓰임 받는 것보다 더 큰 위로는 없을 것이다.

사무엘상 1장에는 자식을 낳을 수 없는 '한나'라는 여인이 등장한다. 한나의 남편에게는 두 명의 부인이 있는데 둘째 부인인 브닌나는 자식이 있으므로 자식을 낳을 수 없는 한나를 멸시하게 된다. 한나의 남편 엘가나는 브닌나보다 본처인 한나를 갑절로 사랑해주었다. 그러나 남편의 지극한 사랑에도 한나의 한 맺힌 마음은 풀리지 않는다.

브닌나의 멸시를 끝내고 한나의 인생에 반전과 위로가 될 수 있는 길은 오직 아들을 얻는 것뿐이다. 그래서 성전에 올라가 하나님께 울부짖으며 한 맺힌 기도를 한다. 위로의 아들, 한 아들을 달라는 것이다. 한 아들을 얻어야 하나님의 살아계심도, 사랑도 느낄 수 있을 것 같다. 아들이 없이는 그 어떤 위로도 무익한 것이 한나의 인생이다.

그런데 누가복음의 나인성 과부에게는 한나가 그토록 고대하고 간구하는 한 아들이 있다. 이 아들은 독자이다. 고대 사회의 과

부란 세상 풍파를 온몸으로 견뎌 내며 살아가야 하는 힘없고 가여운 존재이다. 남편이 죽은 과부는 사회에서 소외되어 극빈층으로 전락한다. 셀 모임을 해도 남편이 있는 여인들 틈에 낄 수 없다.

그래도 청년으로 장성한 아들이 있으니 부러울 것이 없다.
청년이 된 과부의 독자!
이 아들이 곧 장성해서 집안을 일으키고 외롭고 힘없는 과부인 어미의 지위를 회복시켜 줄 것이다.
아들이 대학을 졸업하고 대기업에 취직하면 나인성의 반지하 월세방에서 벗어나 아들과 함께 남부럽지 않게 살아갈 아파트도 분양받을 수 있을지 모른다. 이처럼 한 아들은 소망 없는 과부에게 위로와 희망 그 자체이다.
그런데 그만 그 아들이 어미를 앞세우고 죽게 된다. 진상조사단이 꾸려지고 보상 대책을 세워 본다 해도 한 아들을 잃은 과부의 슬픔은 잠재울 수가 없다. 과부의 꿈은 아들의 죽음과 함께 산산이 부서져 허물어지고 만다.
아들이 없어도, 아들이 있어도 이렇게 처참해질 수밖에 없는 것이 '저주받은 땅 아래' 사망의 그늘에 앉아 있는 인간의 실존이다.
에덴동산 밖에 울려 퍼진 어미된 자의 울부짖는 곡소리, 그 처절한 몸부림도 '한 아들의 부고(訃告)'로부터 시작된다. 가인이 그 동생 아벨을 돌로 쳐서 죽이는 일이 벌어진 것이다.

가인이 그의 아우 아벨을 쳐죽이니라(창 4:8하).

아담과 하와의 범죄로 말미암아 땅 위의 모든 인생들에는 위로의 아들이 필요하게 되었다.

영국의 시인 T.S.엘리엇은 그의 시 〈황무지〉의 제1부 '죽은 자의 매장' 첫 구절에 4월을 '가장 잔인한 달'이라고 표현하고 있다. 파괴와 죽음을 경험한 황무한 땅에서 생명이 움트고 봄이 피어오르는 계절을 살아내야 한다는 것은 분명 잔인한 일이 아닐 수 없다. 그렇기에, 시인은 "차라리 겨울은 우리를 따뜻하게 했었다"라고 표현하고 있다.

호흡이 끝나고 한 줌의 흙으로 황무지 같은 땅속에 묻혀야만 하는 인생들에게 잔인한 달이 어찌 4월뿐이겠는가?

불치병에 걸린 사람이 죽음을 받아들이는 단계를 부정, 분노, 협상, 우울, 수용의 5단계로 분류한 임종 연구 분야의 개척자였던 엘리자베스 퀴블러 로스(Elizabeth Kubler Ross)는 임종을 앞둔 수많은 사람에게 희망을 주었다. 하지만 자기 자신의 암 진단 앞에서는 크게 당황할 수밖에 없었다.

그는 자신이 연구하고 목도한 타인의 죽음은 동물원 철장 속에 있는 호랑이라면 자신이 맞닥뜨린 죽음은 철장을 나온 호랑

이가 자신에게 덤벼드는 것이라고 표현했다.¹

『지성에서 영성으로』의 저자이면서, 우리 시대 최고의 지성인으로 불리는 이어령 교수도 "여섯 살 어린 시절에 보리밭에서 쏟아지는 눈부신 햇살 아래 홀로 서 실존의 눈물을 흘렸다"고 했다. "사랑하는 딸의 실명 위기 속에서 생애 처음으로 하나님을 향한 간절한 기도를 올리게 되면서 영적 세계에 눈을 뜨게 된 그는 어린 시절 어머니의 죽음으로 한 번 죽고 사랑하는 딸의 죽음으로 두 번 죽었다"고 고백했다.

이처럼 이 땅의 모든 수고로운 날과 영화를 등지고 죽음을 맞이해야만 하는 인생들은 저마다 참된 위로의 아들을 고대하고 갈망하게 된 것이다. 한순간에 소멸하는 불꽃 같은 생명을 살아가는 인생들에는 생명의 유업을 영원토록 이어 줄 한 아들의 위로가 필요한 것이다.

이 아들은 '생명 나무 실과'²를 먹고 영생할 수 있는 곳으로 인도해 줄 아들이다. '보기에 아름답고 먹기에 좋은 나무'가 있는 동산을 회복시켜 줄 아들이다.

---

1 이어령, 『이어령의 마지막 수업』 (공저 열림원 2021), 38.
2 "여호와 하나님이 그 땅에서 보기에 아름답고 먹기에 좋은 나무가 나게 하시니 동산 가운데에는 생명 나무와 선악을 알게 하는 나무도 있더라" (창 2:9)

생명수 강물이 흐르는 동산에서 영혼의 목을 축여 줄 아들!

빛과 사랑만이 가득한 하늘 아버지의 동산으로 이끌어 줄 그 아들만이 저주받은 땅 위에 놓인 인간들을 위로할 수 있을 것이다. 하나님께서는 이처럼 땅의 저주 앞에 슬퍼 울 수밖에 없는 인생들을 향해 '한 아들'을 예비해 주신다.

하나님의 독생자 예수 그리스도!

그분을 죽음 앞에 우는 인생들의 참된 위로의 아들로 내어 주신 것이다.

> 이는 한 아기가 우리에게 났고 한 아들을 우리에게 주신 바 되었는데 그의 어깨에는 정사를 메었고 그의 이름은 기묘자라, 모사라, 전능하신 하나님이라, 영존하시는 아버지라, 평강의 왕이라 할 것임이라(사 9:6).

전능하신 하나님!
영존하시는 아버지!
온 세상을 통치하시고 다스리시는 기묘자 하나님!

평강의 왕이신 그 하나님이 이 땅 가운데 모든 산 자의 위로의 아들로 임하신다. 전능자 하나님이 육체의 몸을 입고 한 아들의 모습으로 저주받은 땅, 한 가운데 찾아오신다.

하나님께서 예비해 주신 위로의 아들은 한 사람의 믿음의 결단을 통해 임하게 된다.

성전을 향해 "한 아들을 달라"고 부르짖으며 억울함을 토해내는 한나의 발걸음으로부터 한 아들의 위로가 시작된다. 바로의 손에서 석 달 동안 아들을 숨겨 지켜 낸 모세의 어머니 요게벳의 결단으로부터 위로의 아들이 지켜 지게 된다. 시어머니 나오미를 따라 모압 땅에서 베들레헴으로 인생의 항로를 바꾼 초라한 이방 여인 룻으로부터 위로의 아들이 태어나고 세워 지게 된다. 이 믿음의 계보를 따라 마침내 저주 가운데 있는 땅 위에 진정한 위로의 아들, "다윗의 자손 예수 그리스도"께서 임하신다.

우리 각자도 이처럼 '위로의 한 아들'의 통로로 쓰임 받을 수 있길 소망한다.

그러면 위로의 아들이 임하시는 장소는 어디인가?

'땅이 저주받아'

황무지처럼 저주받은 땅 한가운데이다.

화려한 스펙을 자랑하는 자리!
견고한 성곽을 쌓아 올린 성취의 자리가 아니다.

저주 아래 놓여 있는 땅!

바로 그 땅 가운데서 위로의 아들에 대한 갈망과 기다림의 서막이 시작된다. 상실의 자리, 실패의 자리, 절대적인 고독의 자리, 그 땅으로부터 위로의 아들이 준비되고 임하게 된다.

태의 문이 열리지 않아 팍팍한 마음을 안고 성전을 향해 올라갈 수밖에 없었던 한나에게 위로의 아들이 준비된다. 청년이 된 아들의 죽음 앞에 목 놓아 울 수밖에 없었던 과부에게 위로의 아들이 임하니 죽은 아들이 살아나는 기적을 경험하게 된다.

> 가까이 가서 그 관에 손을 대시니 멘 자들이 서는지라 예수님께서 이르시되 청년아 내가 네게 말하노니 일어나라 하시매 죽었던 자가 일어나 앉고 말도 하거늘 예수님께서 그를 어머니에게 주시니(눅 7:14-15).

유대 땅 베들레헴에 '한 아기'로 태어나신 예수님은 갈릴리 나사렛 동네에서 사셨다.
그리고 그의 공생애를 갈릴리 변방에서 시작하신다.

예수님의 사역의 출발지인 갈릴리는 어떤 땅인가?
이사야에서는 갈릴리 땅을 '이방의 갈릴리'라고 부르고 있다.

> 스불론 땅과 납달리 땅과 요단 강 저편 해변 길과 이방의 갈릴리여 흑암에 앉은 백성이 큰 빛을 보았고 사망의 그늘에 앉은 자들에게 빛이 비치었도다(사 9:1-2).

솔로몬왕은 성전과 왕궁을 짓는 데 필요한 목재를 제공해 준 대가로 두로 왕 히람에게 갈릴리 지역 이십 성읍을 내준다. 이렇게 해서 갈릴리 지역은 하루아침에 두로의 식민지가 되고 강대국에 짓밟히는 땅, 멸시받는 땅이 되었다.

> 솔로몬이 두 집 곧 여호와의 성전과 왕궁을 이십 년 만에 건축하기를 마치고 갈릴리 땅의 성읍 스무 곳을 히람에게 주었으니 이는 두로 왕 히람이 솔로몬에게 그 온갖 소원대로 백향목과 잣나무와 금을 제공하였음이라(왕상 9:10-11).

이후로 이 지역은 앗시리아에 정복되며 무참히 짓밟히고 이방인들과 혼혈이 되었다. 그래서 유대인들에게는 '이방의 갈릴리'로 불릴 정도로 멸시받는 땅이 된 것이다.

그런데 광대하신 창조자 하나님께서 이방의 갈릴리!

동족에게도 버림받은 땅, 멸시받는 이 땅 가운데 찾아오신다. 사망의 그늘에 앉은 자들에게 하나님의 아들이 사람의 몸을 입고 찾아오신다. 하나님의 독생자 예수님께서 이 땅 가운데 '위로의 아들'로 찾아오신 것이다.

갈릴리에 오신 예수님은 죄인의 대명사였던 세리, 레위에게 찾아오신다. 유대인들에게 배척받던 사마리아 땅에 남편이 다섯이나 있는 부도덕한 여인에게 찾아오신다. 베데스다 연못의 낙오자인 38년 된 중풍병자에게 찾아오신다. 갈릴리에 오신 예수님은 각종 병자와 귀신 들린 자와 흑암의 그늘에 앉은 자들을 고치신다.

'사망의 그늘에 앉은 자들'에게 천국 복음을 전파하신다. 세상은 부요한 자들에게, 건강한 자들에게, 지혜있는 자들에게 기회와 특권을 준다. 그러나 하나님의 아들, 예수님은 가난하고 무지하고 병들어서 쓸모 없을 것 같은 자들에게 찾아오셨다.

예수님께서는 스불론과 납달리, 이방의 갈릴리 같은 '조선 땅'에도 찾아오셨다. 그리고 마침내 죄와 허물로 죽었던 우리 가문과 우리 자신에게도 친히 찾아오셨다.

하늘 보좌를 버리고 이 땅에 오신 예수님은 지금도 이방의 갈릴리 같은 인생들을 초청하고 계신다. 연약한 자, 병든 자들을 만나주시고 사망의 그늘에 앉은 자들에게 빛을 비추어 주신다.

> 형제들아 너희를 부르심을 보라 육체를 따라 지혜로운 자가 많지 아니하며 능한 자가 많지 아니하며 문벌 좋은 자가 많지 아니하도다 그러나 하나님께서 세상의 미련한 것들을 택하사 지혜 있는 자들을 부끄럽게 하려 하시고 세상의 약한 것들을 택하사 강한 것들을 부끄럽

게 하려 하시며 하나님께서 세상의 천한 것들과 멸시 받는 것들과 없는 것들을 택하사 있는 것들을 폐하려 하시나니 이는 아무 육체도 하나님 앞에서 자랑하지 못하게 하려 하심이라(고전 1:26-29).

위로의 한 아들, 구원자 예수님께서 미련한 자 같은 자!
가난한 자!
사방으로 우겨쌈을 당하는 자!
사망의 그늘에 앉은 자!

이들 모두에게 찾아오셨다.
그 아들 예수님은 지금도 사망의 그늘에 앉은 자들을 찾아오셔서 건져주신다.
너는 미련한 자 같으나 지혜로우며, 가난한 자 같으나 부요하며, 사방으로 우겨 쌓여도 우겨쌈을 당하지 않을 것이다.

병든 자여, 내게로 오라!
가난한 자여, 내게로 오라!
삶에 지친 모든 자여, 내게로 오라!

예수님은 지금도 우리 가운데 찾아오셔서 연약하고 병든 자들을 초청하고 부르고 계신다.

내가 밟고 있는 땅이 저주 가운데 있다고, 또는 어둠 가운데 있다고 느껴지는가?

땅이 저주받아 출구가 없어 보이는 상황 속에서도 위로의 아들, 한 아들이 임하게 될 때 진정한 위로와 소망을 덧입을 수 있다.

'이 아들이 위로하리라!'

위로의 아들이 우리 삶 속에도 비치고 임하길 간절히 소망하고 고대한다.

제3장

위로의 아들 2
(아름다운 아이 임을 보고)

　이스라엘 백성들에게 400년 동안의 고통스러운 노예 생활의 클라이맥스(climax)는 아들을 낳으면 강물에 던져 자기 손으로 죽여야만 하는 처지에 임한 상황일 것이다.
　강제 노역과 학대에도 불구하고 더욱 번성하는 이스라엘 백성들의 반역을 두려워한 애굽 왕 바로는 히브리인이 아들을 낳으면 나일강 하수에 던지도록 명했다. 이 바로의 명령에 따라 이스라엘 백성들은 아들을 낳으면 나일강에 던져 죽여야만 했다.
　애굽 왕 바로의 수하에서 고통받는 이스라엘 백성을 건져낼 하나님의 구원의 손길도 한 아기의 건짐으로부터 시작된다. 고통받는 노예 백성들에게 임할 하나님의 구원과 위로가 물에서 건져내어질 한 아기에게서 출발하고 있다.
　이스라엘의 모든 여인이 바로의 명령 앞에 굴복하여 아들을 낳으면 나일강에 던질 때 모세의 부모는 바로의 명령을 거역했다. 바로의 눈을 피하여 아기를 석 달 동안 숨겨 키운 것이다. 그 아이가 잘생긴 아이임을 보았기 때문이다.

사도행전 7:20에는 이렇게 기록되어 있다.

그 때에 모세가 났는데 하나님 보시기에 아름다운지라(행 7:20상).

또한, 히브리서에서는 모세의 부모가 믿음으로 그의 아름다움을 보았다고 기록하고 있다.

모든 부모에게 자녀는 귀중하고 아름다울 것이다. 그러나 모세의 부모는 이런 인간적인 조건이나 외모를 보는 육신의 눈으로 자녀를 본 것이 아니다. 하나님을 믿는 믿음의 눈으로 자녀를 바라본 것이다.

이스라엘 백성의 아들들은 태어나자마자 나일강 하수에 던져져 익사하거나 악어의 밥이 되었다. 이처럼 오늘날 수많은 자녀가 죄악의 강물에 던져져 익사하거나 우는 사자의 밥으로 내던져지고 있다.

근신하라 깨어라 너희 대적 마귀가 우는 사자 같이 두루 다니며 삼킬 자를 찾나니(벧전 5:8).

그러나 흑암이 깊은 시대 속에서도 하나님의 위로의 서광은 한 아이가 준비되어 짐으로부터 시작된다. 이 아이는 아름다운 아이였다. 장차 노예 백성을 건져낼 위로와 소망의 아들이다.

우리에게 주신 자녀와 다음 세대를 볼 때 모세의 어머니와 같은 한 아기를 보는 영적인 눈이 뜨여져야 할 것이다.

레위기 18:21에는 자녀를 불태워 이방신에게 인신 제사를 드리는 것을 금하시는 말씀이 기록되어 있다.

> 너는 결단코 자녀를 몰렉에게 주어 불로 통과하게 함으로 네 하나님의 이름을 욕되게 하지 말라 나는 여호와이니라(레 18:21).

모압 족속은 그모스를 섬기며 자녀를 인신 제사로 불태워 드렸다. 암몬 족속의 몰렉 숭배도 인신 제사로써 자식을 불태워 제사를 지내는 의식이 있었다. 솔로몬왕은 이방 여인 후비들을 위하여 예루살렘에 그모스와 몰렉의 산당들을 지었다. 이후 왕들이 다윗의 길로 행하지 않고 자녀를 불태워 이방 신에게 드리는 인신 제사가 만연하게 되었다.

예레미야 48:7에는 그들의 업적과 보물을 의지하는 마음이 그나스를 섬기는 동기임을 말해주고 있다.

> 네가 네 업적과 보물을 의뢰하므로 너도 정복을 당할 것이요 그모스는 그의 제사장들과 고관들과 함께 포로되어 갈 것이라(렘 48:7).

이스라엘 백성들이 자식을 낳아 나일강 하수에 던질 수밖에 없었듯이 오늘날 우리 자녀가 처할 영적인 상태도 이와 다를 바가 거의 없다.

취업에 유리한 고지를 차지하기 위해 어려서부터 경쟁에 내몰리게 되고 스펙 쌓기에 전력을 다하고 있다. 수능이 끝나면 이 업적주의에 미치지 못한 자녀들이 목숨을 잃는 일들이 벌어지기도 한다. 이방 민족들이 그나스와 몰렉을 숭배하며 자녀들을 불가운데 지나가게 하며 인신 제사를 지냈듯이 우리 시대 자녀들도 대학 입시와 취업의 그나스와 몰렉에게 바쳐지고 있는 현실이다. 또한, 우리 자녀들이 맘몬주의와 쾌락주의의 거센 물살에 던져져야만 하는 세상에 태어나고 있다.

그러나 부모들이 자녀들의 영적인 삶으로부터 관심을 거둔지 오래인 것 같다.

이런 세태 속에서 자녀의 아름다움을 보고 바로의 명령을 거역할 수 있는 요게벳과 같은 믿음의 세대가 일어나야 할 때이다. 아들 므두셀라의 출생과 더불어 하나님과 동행의 길을 택한 에녹의 믿음이 필요한 시점이다.

나일강에 던져져야 하는 아기 중 아름다운 아이가 어찌 모세뿐이었겠는가?

우리 자녀들이 그 아름다움이 발견되지 못하고 강물에 떠내려가듯이 던져진 인생을 살아가고 있다면 우리는 사력을 다하여 아름다운 그 한 아기를 건져 올려야만 할 것이다.

모세 부모의 믿음이 아무리 좋다고 해도 부모로서 역할은 석 달 동안 숨기는 것까지가 최선이었다. 모세의 부모는 석 달 동안 모세를 돌보고 책임져 줄 수 있었고 에녹은 300년 후 므두셀라의 부모로서 해야 할 역할에 종결을 고한 채 죽음을 보지 않고 하늘로 들려 올라간다.

이처럼 모든 부모에게는 영존하시는 하늘 아버지께 자녀를 맡겨야만 하는 석 달의 시간, 300년의 세월이 다가오는 것이다.

그러면, 모세의 아름다움을 보고 목숨 걸고 석 달 동안 아들을 숨겨 키운 요게벳의 대책은 무엇이었을까?

석 달이 되어 더 이상 아이를 숨길 수 없게 되자 갈대상자를 만들어 역청과 나뭇진을 발라 나일강가 갈대 사이에 띄우게 된다. 내 힘으로 더 이상 어쩔 수 없을 때 하나님 손에 아이를 띄워 보낸 것이다.

갈대상자의 상자는 히브리 원어로 테바(תֵּבָה)라는 단어로 쓰였는데 이 동일한 말씀이 창세기 6:14에 노아에게 방주를 만들어 역청으로 그 안팎에 칠하라고 명하실 때 방주라는 단어가 테바(תֵּבָה)라고 쓰였졌다.

거대한 크루즈와 같았던 노아 방주가 역청을 발라 홍수심판에도 물이 새지 않도록 노아와 그 가족을 지켜 주었던 것처럼 갈대상자는 보잘것없이 작은 바구니지만 나일강의 악어와 강물로부터 한 아이를 구해줄 생명의 바구니였다. 갈대상자 안에 숨겨진 아기 모세는 갈대상자 안에 역청을 발라 물이 들어오지 못하게 보호되었다.

역청을 바른 방주(תֵּבָה 테바)와 갈대상자(תֵּבָה 테바)는 예수 그리스도와 교회를 상징한다.

노아의 방주 같은 큰 교회만 하나님이 관심을 두시는 것은 아니다. 모이는 사람이 적어도, 작은 교회여도 세상의 죄악의 물결에서 영혼을 건지고 살려내는 것이 교회이다.

방주처럼 큰 교회든, 갈대상자처럼 작은 교회든 중요한 것은 갈대상자와 방주 안팎에 역청을 바르는 것이다. 역청은 예수 그리스도 보혈의 공로를 상징한다.

'역청을 바른다'는 것은 예수 그리스도 보혈의 공로를 의지하고 믿는다는 것이다. 예수 그리스도의 보혈의 공로를 의지하면 죄의 저주가 우리에게 침투할 수 없도록 보호해 주신다. 역청을 바르는 주된 이유는 방수기능이다. 물이 새지 않도록 방주와 갈대상자를 보호해 주는 것이다.

창세기 6:14에는 이렇게 기록되어 있다.

> 너는 고페르 나무로 너를 위하여 방주를 만들되 그 안에 칸들을 막고 역청을 그 안팎에 칠하라(창 6:14).

이처럼 역청을 방주의 안팎에 바르라고 말씀하셨다. 교회 안팎에 만연한 아세라와 바알 숭배 같은 쾌락과 물질 숭배의 물결로부터 보호될 수 있도록 역청을 발라야 한다. 자신의 업적과 이 땅의 보물을 의지하는 그나스와 몰렉 숭배의 물결로부터 역청을 발라 보호되어야 한다.

에베소서 4:27과 같이 우리 마음 가운데도 마귀가 역사하지 못하도록 작은 틈도 허락하지 말고 말씀과 기도의 역청을 발라 주어야 한다.

> 마귀에게 틈을 주지 말라(엡 4:27).

디모데후서 3:15에는 '네가 어려서부터 성경을 알았다'고 기록하고 있다. 어려서부터 세속주의에 물들지 않도록 성경 말씀으로 자녀의 가치관을 세우는 일은 아무리 그 중요성을 강조해도 지나치지 않다.

갈대상자로 지켜 낸 한 사람, 모세가 마침내 온 이스라엘을 건져내는 '위로의 아들이' 된다. 갈대상자 같은 교회는 이처럼 놀라운 하나님의 능력과 소망과 비밀이 숨어있는 신비하고 축복된 곳이다.

모세를 숨기어 키운 지 석 달이 지나자 바로의 손에서 더 이상 아기를 지킬 수 없게 되자 모세를 갈대상자에 넣어 나일 강물에 띄워 보내게 된다. 그리고 모세의 누나 미리암이 강물에 띄운 모세의 갈대상자를 지켜보도록 했다. 미리암이 지켜 낸 갈대상자 안의 작은 아이는 장성하여 이스라엘을 바로의 손에서 건져내는 출애굽의 지도자가 되었다. 갈대상자가 역청을 발라져 보호되었다 하더라도 모세 혼자 떠내려갔다면 살아남기 힘들었을 것이다. 미리암은 엄마의 부탁에 순종하여 갈대상자에서 눈을 떼지 않고 따라갔다.

미리암은 노예 백성의 아들 모세가 애굽의 금수저도 이룰 수 없는 애굽의 심장부까지 사교육 하나 안 받고 진출하게 하는 데 중요한으로 역할을 하게 된다. 미리암이 한 일은 모세의 갈대상자를 따라가며 지켜 보고 바로 공주에게 엄마를 유모로 소개해 준 것뿐이다.

그러나 모세의 누나가 비록 어린 나이였어도 바로의 명을 어기고 남자아기를 강물에 던지지 않은 자의 최후를 모르지는 않았을 것이다. 이들의 최후가 얼마나 끔찍하고 비참했을지 아이를 숨겼다가 본보기로 죽임당하는 이스라엘 사람들을 통해 알았을 것이다. 그러나 미리암이 어머니의 부탁에 순종한 것을 볼 때 바로의 명령보다 하나님을 더 두려워해야 할 분이심을 알았던 것 같다.

> 몸은 죽여도 영혼은 능히 죽이지 못하는 자들을 두려워하지 말고 오직 몸과 영혼을 능히 지옥에 멸하실 수 있는 이를 두려워하라 (마 10:28).

어떻게 알았을까?

요게벳은 모세를 숨겨 키우기에만 급급한 것이 아니라 자녀에게 마땅히 가르칠 것을 가르쳤음을 알 수 있다.

자녀에게 마땅히 행할 것을 가르치는 것!

저주 아래 놓인 땅 가운데 하나님께서 보내신 '위로의 아들'을 지켜 내는 방법이다.

> 마땅히 행할 길을 아이에게 가르치라 그리하면 늙어도 그것을 떠나지 아니하리라(잠 22:6).

미리암은 바로의 명을 어기고 어머니의 명령에 순종하여 모세의 갈대상자를 지켜 냈다. 갈대상자 안에 있는 모세는 영문도 모르고 강물에 떠내려가고 있다. 그러나 정처 없이 떠내려가는 것이 아니라 갈대 사이에 띄워진다. 갈대상자가 떠내려가지 않게 하려고 갈대 사이에 멈추는 것은 매우 중요하다.

내 옆에 있는 성도 한 사람 한 사람이 갈대상자를 지켜 주는 갈대 역할을 해줄 수 있는 소중한 존재이다. 갈대상자가 물결에 휩쓸려 다른 곳으로 떠내려가려고 할 때 갈대상자를 붙들어 주고 지켜 주는 갈대의 역할이 중요하다. 갈대 사이에 갈대상자가 놓이지 않았다면 물살에 휩쓸려 악어를 만나기 쉽고 물결에 갈대상자가 뒤집히는 수가 있다.

하나님께서는 갈대 사이에 모세의 갈대상자를 놓아두셨다. 출애굽의 대장정을 향한 갈대상자의 출발 여정에 하찮은 풀 한 포기까지도 섬세히 마련해 놓으시는 하나님의 완벽한 숨결을 느낄수가 있다. 나일강가의 갈대 사이에 놓여 있는 모세의 갈대상자를 볼 때 하나님의 손에 맡겨지는 인생과 운명이 얼마나 안전하고 완벽한 지를 알 수 있다.

최악의 상황에서 결정한 '믿음의 선택'이 최선의 길로 모세의 삶을 인도해 가고 있다. 비록 부모의 손에서는 떠났으나, 하나님께서는 인생 여정에 고비 고비마다 위대한 만남을 예비해 놓으신 것이다.

나일강가 갈대 사이는 진흙이 있고, 물살이 출렁이는 척박한 장소이며, 안락하고 윤택한 장소는 아닐 수 있다. 그러나 나일강가 갈대 사이의 이 장소야말로 장차 출애굽의 지도자로 쓰임 받을 수 있도록 모세를 준비해 줄 만남이 예비된 기회의 장소가 된다.

세계 침례교 총재를 지냈던 김장환 목사는 한국전쟁 당시 미군 부대 막사에서 각종 심부름을 해주는 '하우스보이'(houseboy) 생활을 했다. 바로 그 장소에서 자신을 미국으로 데려가 공부시켜 준 칼 파워스(Carl L. Powers) 상사를 만나게 된다. 전쟁으로 폐허가 된 가난한 나라의 한 소년에게 미군 막사는 은혜의 장소였다.

비록 지금 처한 현실이 막막하고 척박한 상황일지라도 하나님의 손에 나의 삶이 맡겨져 있다면 안심해도 될 것이다. 하나님이 사람을 만나게 하시고 돕는 자를 붙여주시며 나의 삶을 인도해 주실 것이다.

갈대상자와 함께 나일강가로 떠내려온 모세는 이곳으로 목욕을 하러 나온 바로의 공주에게 발견되어 애굽의 왕실에서 보호를 받으며 자라갈 수 있게 된다. 이는 믿음으로 자녀의 아름다움을 바라보며 하나님의 손에 맡기는 자들이 맛보고 누릴 수 있는 하나님의 놀라운 반전과 섭리의 역사이다.

이처럼 하나님이 보내신 아름다운 아이를 찾아내고 길러내는 것이 부모들의 사명이고 성도들의 사명이다.

다음 세대 복음 전수의 첫걸음은 내게 주신 한 자녀, 한 성도가 "아름다운 아이임"을 믿음의 눈으로 보는 것이다. 죄악의 강물에 던져질 운명에 처한 이들을 위한 '갈대상자'를 준비하는 일이다.

요게벳이 강물에 띄운 갈대상자는 아들 하나 겨우 들어갈 작은 상자였다. 그러나 이 작은 갈대상자를 통해 민족을 구해 내게 된다.

요게벳은 믿음의 선택과 신앙교육을 통해 아들을 구하고 민족을 구해내는 통로로 쓰임 받게 된다. 므두셀라는 홍수심판을 이겨낼 거대한 갈대상자(방주)를 준비할 수 있도록 당대의 파수꾼 사명을 잘 감당해 냈다.

하나님께서는 지금도 갈대상자와 방주를 준비하는 자들의 믿음의 선택과 복음 전파를 통해 위로의 아들들을 건져내고 계신다.

제4장

말씀의 창 1
(메신저 messenger)

므두셀라는 '창을 던지는 자'란 뜻이 있다.

철기 문명의 시작과 함께 강력한 무기로 공격을 받는 시대에 한 사람의 창으로 어떻게 부족을 구하고 인류를 구할 수 있을 것인가?

마을과 부족을 지키는 자의 창이 날카롭지 못하고 무디다면, 전쟁의 승리를 장담할 수 없다. 므두셀라의 창은 날카로운 창이어야 할 것이다.

> 내 입을 날카로운 칼 같이 만드시고 나를 그의 손 그늘에 숨기시며 나를 갈고 닦은 화살로 만드사 그의 화살통에 감추시고(사 49:2).

이처럼 하나님은 이사야를 하나님의 뜻을 대변하는 목표에 정확히 도달하는 화살과 같은 말씀으로 준비시키셨다고 말씀하고 있다.

오늘날 신앙이 상대화되고 무너지는 이유 중의 하나는 하나님의 말씀의 창이 무뎌져 있기 때문이다. 창을 던지는 자는 던지는 기술도 중요하지만, 창살을 날카롭게 준비할 줄 알아야 한다.

오늘날 므두셀라와 같이 부름을 받은 우리에게도 날카로운 화살과 같은 '말씀의 촉'이 있어야 한다.

> 여호와의 말씀이니라 내 말이 불 같지 아니하냐 바위를 쳐서 부스러뜨리는 방망이 같지 아니하냐(렘 23:29).

바위를 쳐서 부서뜨리는 방망이처럼 강력한 하나님의 말씀으로 준비되고 무장될 때 화살처럼 날아오는 세상 풍조와 죄의 공격으로부터 이기고 승리할 수 있다. 하나님의 말씀은 바위를 녹이는 불과 같은 능력이 있다. 좌우에 날 선 검과 같이 찔러 쪼개며 복종시키는 능력이 있다.

에녹이 죽음을 보지 않고 들림을 받을 수 있었던 것은 심판에 대한 하나님의 경고의 말씀을 기억하고 심판의 때를 의식하며 살았기에 가능했음을 그의 아들 므두셀라의 이름을 통해 알 수 있다.

노아가 당대에 완전한 자요, 의인으로 살아갈 수 있었던 것도 하나님의 경고와 심판에 대한 말씀을 붙들고 있었기에 깨어 경성하는 삶을 살아 낼 수 있었음을 알 수 있다.

믿음으로 노아는 아직 보이지 않는 일에 경고하심을 받아 경외함으로 방주를 준비하여 그 집을 구원하였으니(히 11:7상).

므두셀라의 창은 전능하신 하나님의 말씀을 절대적으로 신뢰하는 믿음의 창이요, 전능자의 도움을 의뢰하는 기도의 창이어야 한다.

남유다의 요시야왕은 하나님 앞에 정직하게 행하고 다윗의 길로 행한 훌륭한 왕이다. 그는 8살 주일학교 때 왕이 되어 28살 때 성전을 수리하던 중 헌금함 밑에서 우연히 두루마리 성경을 발견하게 된다(왕하 22:11-12). 그리고 그 두루마리 성경에 쓰여 있는 하나님의 말씀을 읽고 큰 충격을 받았다.

그가 성전에서 율법책을 발견하기 전에는 성전에 우상이 난무해도 깨닫지 못했다. 그러다가 율법책에 기록된 말씀을 듣고 마음을 찢고 회개하게 된다. 성전에서 우상을 몰아내고 여호와의 유월절을 지키는 개혁을 단행한다. 하나님의 말씀이 적힌 율법서를 통해 죄에 대한 하나님의 심판과 종말에 대해 경각심을 갖게 된 것이다. 그는 성전에서 율법책을 발견하고 본격적인 개혁에 드라이브를 걸게 되었다.

아하스왕, 므낫세왕이 성전에 세운 우상의 단을 부수고 솔로몬이 이방 여자들을 위해 세운 산당도 제거해 버린다. 성전 안의 남창을 몰아냈고, 자녀들을 제물로 바친 제단을 헐어버린다.

요시야왕이 성전에서 몰아내고 제거한 것들의 목록을 보면 당시의 시대가 얼마나 타락했는지 알 수 있는 대목이다. 터미널 근처의 성인나이트도 아닌데 성전 안에 남창이 있고, 아세라와 바알 제단이 있었다. 심지어는 산당을 지어 우상에게 자녀를 제물로 바친 제단도 있었을 정도로 이 시대가 타락한 이유는 하나님의 말씀 없이 종교적 요식만 성전에 가득했기 때문이었다.

어느 시대이건 '성경이 없는 시대, 말씀과 멀어진 시대'는 반드시 타락의 끝을 알 수 없을 정도로 죄악이 관영하게 된다. 말씀과 멀어진 세상이 얼마나 심판을 향해 치달을 수 있는지 자명한 일이다.

마지막 시대, 곧 종말의 때에 관해 아모스 선지자는 이렇게 말했다.

> 주 여호와의 말씀이니라 보라 날이 이를지라 내가 기근을 땅에 보내리니 양식이 없어 주림이 아니며 물이 없어 갈함이 아니요 여호와의 말씀을 듣지 못한 기갈이라(암 8:11).

이처럼 물이 없어 갈함이 아니요 하나님의 말씀이 없는 영적 기갈이 올 것이라는 것이다.

이러한 시대에 므두셀라는 하나님의 말씀을 대언하고 드러내 증거하는 이름이다. 종말의 때에 창 던지는 자의 사명을 감당하는 므두셀라는 말씀이 희귀해진 세상에서 하나님의 말씀을 붙들고 지켜 내는 싸움을 함으로 부족과 자신을 지켜 내야만 했다. 하나님께서는 장차 물로 세상을 멸하실 것을 에녹에게 말씀하셨고, 므두셀라와 노아에게 말씀하셨다.

하나님은 사랑하는 자녀들에게 오늘날도 종말의 때에 관해 말씀해 주신다. 예언서와 복음서를 통해, 요한계시록을 통해 말세의 징조를 밝히 보여 주셨다.

그러면, 이 말씀의 계시를 받고 믿는 자들은 무엇을 해야 하는가?

장차 있을 심판에 대한 예고는 이 소식을 믿음으로 받는 자에게 '복음 중의 복음'이 아닐 수 없다. 그러므로 하나님께서 계시해 주신 이 소식은 만민에게 전파되어야 한다. 때를 얻든지 못 얻든지 부지런히 전파해야 한다.

호주에서 수 개월간 지속된 산불로 화마에 휩쓸려 미처 도망가지 못하고 잿더미로 남게 된 캥거루 사진을 본 적이 있다. 이 사진을 보면서 하나님께서 마지막 때 불로 세상을 심판하실 것이라고 예고해 주셨는데, 이 경고의 말씀을 듣지 못한 자들의 최후가 그 모습과 같지 않을까 생각해 본 적이 있다.

경고의 말씀을 들었으나 무시하고 피하지 못한 사람들의 최후 또한 마찬가지일 것이다. 코로나 팬데믹이 되면서 사람 사이의 거리 두기가 법이 되는 시대에 심판의 복음, 구원의 복음을 전하는 것은 매우 어려운 일이 되었다. 전 세계적으로 미디어와 언론을 통해 기독교는 매우 부정적이고 적대적인 시각으로 비쳐지고 있다. 사람들은 거룩함을 상실해 가고 있는 교회와 신자들의 모습을 비난하며 복음 전파에 귀를 닫고 마음을 닫고 있다.

그럼에도 불구하고, 마지막 때에 복음은 때를 얻든지 못 얻든지 전파되어야만 한다. 왜냐하면, 믿음과 구원은 반드시 살아계신 하나님의 말씀을 듣는 자에게 임하게 되기 때문이다. 듣지 않고서는 믿을 수가 없다. 그러기에 하나님의 말씀은 선포되고 전파되어야만 한다.

> 그런즉 그들이 믿지 아니하는 이를 어찌 부르리요 듣지도 못한 이를 어찌 믿으리요 전파하는 자가 없이 어찌 들으리요(롬 10:14).

지금도 분쟁 지역이나 험지에서 복음을 들고 헌신하고 있는 선교사들이 있다. 그들은 생명의 위협을 무릅쓰고 온 종일 손을 펴서 패역한 백성들을 부르시는 하나님의 구원의 음성을 대언하고 있다.

> 내가 종일 손을 펴서 자기 생각을 따라 옳지 않은 길을 걸어가는 패역한 백성들을 불렀나니(사 65:2).

그들은 에녹과 므두셀라, 아브라함과 롯이 보고 들은 심판과 경고의 말씀을 듣고서 믿음으로 반응하고 있다.

이토록 애타게 부르시는 주의 음성을 들을 자가 누구겠는가?

하나님의 말씀을 통해 들을 수 있고, 이는 전파하는 자를 통해 가능하다.

> 그러므로 믿음은 들음에서 나며 들음은 그리스도의 말씀으로 말미암았느니라(롬 10:17).

하나님께서는 지금도 하나님의 말씀을 대언하고 들려줄 사람을 간절히 찾고 계신다.

> 내가 또 주의 목소리를 들으니 주께서 이르시되 내가 누구를 보내며 누가 우리를 위하여 갈꼬 하시니(사 6:8상).

하나님께서는 유력한 자, 실력자를 찾으시는 것이 아니다. 멸망의 길로 향하고 있는 영혼들을 한 사람이라도 더 살리고 싶은 하나님 아버지의 애타는 마음을 알고 순종할 사람을 부르고 계신다. 죄로 죽어가는 사람들을 구원하시고자 '나 같은 사람'이라도 부르시고 도움을 청하시는 하나님의 음성이다.

이사야 당시에 유다에는 많은 제사장이 있었고 날마다 성전에서 하나님께 드리는 제사와 제물도 넘쳐 났다. 그러나 실력자들은 많았으나 하나님의 마음을 알아 주의 말씀과 뜻을 대언해 줄 사람을 찾기가 어려웠다.

공부 잘 하는 학생은 많은데 선생님의 마음을 알아주는 학생이 많지 않고, 교회에 성도들은 많은데 목사님의 마음을 알아주는 성도가 많지 않다. 뭔가 열심히 하고 잘 하는 것도 중요하지만 마음을 알아주는 학생, 마음을 알아주는 성도, 마음을 알아주는 자식이 귀한 것이다.

이사야는 어리고 미숙했지만, 입술이 부정한 죄인이었지만 하나님의 마음을 알았고, 하나님의 부탁에 순종하는데는 머뭇거리지 않겠다고 결심했다. 그래서 그는 하나님의 마음을 알아 그 음성에 반응한 것이다.

> 그 때에 내가 이르되 내가 여기 있나이다 나를 보내소서 하였더니 (사 6:8하).

> 허물투성이인 자라도, 입술이 부정한 자라도, 어리고 무지한 자라도 괜찮으시다면 주여 내가 여기 있습니다. 나를 보내소서.

이사야는 하나님의 간절한 열망에 믿음으로 반응하여 쓰임 받게 된다.

누가 다음 세대를 위해, 복음을 듣지 못해 죽어가는 자들을 위해, 기도의 제단을 세우기 위해, 무너진 성벽을 재건하기 위해 나를 위해 갈꼬?

얼마 전 기습 호우로 지하 차도가 급작스럽게 급류에 휩쓸려 목숨을 잃은 모녀의 기사를 접한 적이 있다.

전문가들은 이 사고의 원인을 경보 시스템의 미작동이라 진단하고 있다. 배수 시설이 안 되고 기습적으로 다량의 폭우가 쏟아졌어도 경보 시스템이 사전에 작동했다면 예방할 수도 있었기에 너무나 안타까움을 자아내는 사고가 아닐 수 없다.

'므두셀라, 그가 죽으면 종말이 온다'는 메시지는 재난 경보와 같이 재앙의 자리를 속히 떠나라고 절규하시는 하나님의 재난 대피 방송과도 같다.

사랑하는 자녀들에게 '죄의 자리, 심판의 자리에서 벗어나 구원의 길을 택하고 영생을 취하라'는 하나님의 강렬한 구원의 메시지이다.

심판이 온다!
종말이 온다!

이렇게 말씀하시며 일깨워 주시는 하나님께서는 심판의 경고를 통해 우리 인생들에게 구원의 길이 필요한 존재임을 말씀해 주시고 구원의 길로 나아갈 수 있도록 방향을 제시해 주신다.

이는 심판의 자리에서 떠나 "영생을 취하라"는 하나님의 역설적인 '사랑의 표현'이다.

므두셀라, 그가 죽으면 심판이 온다!

얼마나 간절하고 절박한 메시지인가?

심판에 대한 경고의 메시지는 망하고 죽으라는 것이 아니다. 하나님의 본심은 "듣고 살라"는 것이다. 무덤에서 일어나 "빛 가운데로 나아오라"는 것이다. "영생을 취하라"는 하나님 아버지의 절절한 외침인 것이다.

므두셀라는 홍수로 멸망 당할 사람들을 향한 하나님의 마음을 헤아리고 말씀을 들고 서게 된다.

이사야는 하나님의 말씀을 듣고 그 시대의 므두셀라가 되어 메시아의 구원과 이스라엘의 회복, 하나님 나라를 선포하며 말씀의 창을 던지는 자가 된다.

이 시대에 복음을 듣고 믿는 자가 되었다면, 우리에게도 말씀의 창이 들리워진 것이다. 우리도 이제 이 창을 던지러 나가야 한다. 캠퍼스로 가족과 이웃에게로 나가 그들이 듣든지 아니 듣든지 살과 같은 말씀의 창을 던져야 한다.

마침내 이 복음을 듣는 자는 살아나게 될 것이다.

하나님의 아들의 음성을 들을 때가 오나니 듣는 자는 살아나리라.

제5장

말씀의 창 2
(듣는 마음)

오늘날처럼 말씀이 홍수처럼 쏟아지는 시대가 없었다.

그러나 홍수 때 마실 물이 귀하듯 유튜브와 인터넷 등을 통해 말씀이 넘쳐나는 시대이지만 아모스 선지자는 마지막 때에는 영적 기근의 시대가 올 것이라고 말씀했다.

> 주 여호와의 말씀이니라 보라 날이 이를지라 내가 기근을 땅에 보내리니 양식이 없어 주림이 아니며 물이 없어 갈함이 아니요 여호와의 말씀을 듣지 못한 기갈이라(암 8:11).

양식이 없어 주림이 아니요 물이 없어 갈함도 아닌 하나님의 말씀을 듣지 못한 영적 기근의 시대!

마지막 시대를 살아가고 있는 우리는 심판의 경고와 회개의 복음이 희귀한 시대를 살고 있다. 말씀이 희귀할 뿐 아니라 듣는 마음도 희귀한 시대이다.

십자가와 순종, 자기 부인의 말씀은 시험거리가 되고 있다. 들어야 할 말씀을 외면하고 듣고 싶은 축복의 말씀, 은혜와 위로의 말씀을 취사, 선택하고 있다. 롯의 사위들은 롯이 전해 준 소돔 땅의 멸망 소식을 '농담'으로 들었다.
　곧 들이닥치게 될 불의 심판 소식을 전하는 롯이 얼마나 두렵고 떨림으로, 간절함으로 하나님의 말씀을 전했겠는가!
　그러나 롯의 사위들은 임박한 심판을 피할 수 있었던 절체절명의 기회를 가볍게 여겼고 외면해 버리고 만다.
　전도자의 영적 권위가 무시되자 그가 전하는 구원의 복음마저 무시된 것이다. 하나님의 말씀이 강력하고 절박하게 선포되고 있음에도 그들에게는 듣는 마음과 들을 귀가 없었다.
　강단을 통해 하나님의 말씀이 선포되고 있음에도 잘 들려지지 않고 무감각하게 여겨지고 있다면 듣는 마음과 들을 귀를 달라고 간구하며 부르짖어야 할 것이다. 말씀을 듣는 영적인 귀가 없었을 때 유황불이 쏟아지기 직전의 긴박한 순간에도 롯은 소돔 땅에서 탈출하지 못하고 머뭇거리게 된다.
　사람들은 마지막 시대의 징조와 때에 대해 호기심과 막연한 두려움을 가지고 있다. 그러나 말세의 징조를 체감하고 느끼고 있다고 해도 평소의 생활방식을 벗어나기 어렵다는 사실이 아이러니하다. 하나님의 말씀이 유황불처럼 뜨겁게 내려와도 사람들은 롯의 때와 같이 습관을 좇아 일상을 살아가게 될 것이다.

다시 오실 주님을 맞이하게 될 때도 일상 중에서, 하고 있던 일 가운데, 머물고 있던 장소에서 맞이하게 될 것이다. 어떤 이는 먹고 마시는 중에, 어떤 이는 사고파는 중에 재림하실 예수님을 맞이하게 될 것이다.

또한, 어떤 이는 시집가고 장가가는 중에, 어떤 이는 집을 짓는 중에 주님을 맞이하게 될 것이다. 그리고 어떤 이는 성전에서 기도하는 중에, 전도하는 중에, 어떤 이는 예배 중에 재림하시는 주님을 맞이하게 될 것이다.

예수님이 재림하실 그 때에는 호령과 천사장의 소리와 하나님의 나팔 소리가 하늘로부터 울려 퍼지게 될 것이며, 모든 육체가 듣고 보게 될 것이다. 예수님의 재림의 나팔 소리는 들을 귀가 없던 사람들에게는 심히 두려운 심판의 소리가 될 것이다. 그러나 하나님의 말씀을 듣고 순종한 사람들에게는 구원의 나팔소리가 될 것이다.

> 주께서 호령과 천사장의 소리와 하나님의 나팔 소리로 친히 하늘로부터 강림하시리니 그리스도 안에서 죽은 자들이 먼저 일어나고(살전 4:16).

예수님의 초림 때에도 구원의 주로 오신 아기 예수님의 탄생 소식을 들은 예루살렘은 크게 소동했다. 자신의 왕권을 놓지 않고자 했던 헤롯왕도 크게 떨며 두려워했다.

재림 때에 예수님은 심판의 주로 오신다.

혼인 잔치가 열리는 순간, "보라, 신랑이로다"라는 소리가 들려오는데, 이 신랑오는 소리를 들은 열 처녀는 잠에서 급히 깨어나 등불을 들고 맞이하러 간다.

우리 각자에게도 재림하는 예수님을 맞이할 때 들고 나가려 하는 등불이 있다.

자신이 섬기던 교회의 등불!
평소 행하던 습관의 등불!
헌신과 수고의 등불!

이 등불들을 들고 예수님을 맞이하러 나가게 될 것이다.
각자의 믿음의 분량대로, 각양각색의 모양대로 등불을 들고 다급히 신랑 되시는 예수님을 맞이하러 나가게 될 것이다.
그러나 예수님이 재림하실 그 순간에는 두 가지 등불만이 존재함을 기억해야 한다.

기름이 준비된 등불!
기름이 준비되지 못한 등불!

귀를 즐겁게 하고 화려함이 있는 등불이었는데 거기에 기름이 없다면, 하나님께서 들려주신 말씀은 없고 다른 복음의 등불을 들고 있다면 그들에게는 결단코 또다시 기회가 주어지지 않는다.

슬피 울며 바깥 어두운데서 이를 갈게 될 것이다.
  그러나 하나님의 아들의 음성을 듣고 기름 등불을 준비한 사람들은 천국 잔치에 들어가게 될 것이다. 그렇기에 세상의 염려와 재물의 유혹으로 눈과 귀가 어두워져서는 안된다. 나의 기분과 감정이 말씀보다 앞서있지는 않은지 점검해 보아야 한다.

  보라, 신랑이 온다!

  말씀이 성취되는 그 순간, 이때는 더 이상 준비가 불가능하다.
  미리 준비한 것, 평소 일상 중에 우리가 믿고 행하던 것, 기쁨을 누리던 그것들로 주님 앞에 서야만 한다. 그렇기에 들을 귀가 필요하고 듣는 마음이 절실하게 필요한 '지금 이때'이다.

  종말의 때는 그 어느 때보다도 말씀에 귀를 기울이고 민감하게 반응해야만 한다.
  경각심을 가지고 귀를 기울여야 한다.
  듣고 깨닫는데 머무르지 말고 움직이는 신앙을 가져야 한다.
  무기력과 좌절의 자리, 안일의 자리에서 일어서야만 한다.
  연약한 무릎을 일으켜 세우고, 뒤를 돌아보지 말며 전진해야만 한다.

솔로몬은 백성들을 재판하기 위해 하나님께 듣는 마음을 간절히 구했다.

> 누가 주의 이 많은 백성을 재판할 수 있사오리이까 듣는 마음을 종에게 주사 주의 백성을 재판하여 선악을 분별하게 하옵소서(왕상 3:9).

> 귀 있는 자는 성령이 교회들에게 하시는 말씀을 들을지어다(계 2:7).

우리는 누군가가 던져 준 순종의 한마디 말씀을 듣고 예수님을 알게 되었고 구원을 받았다.

혈루증 앓는 여인은 예수에 대한 소문을 들었다. 그런데 거기서 끝나지 않고 예수님을 향해 연약한 발걸음을 옮겼다. 그리고 마침내 그의 옷자락에 손을 댔다.

이렇게 움직이는 것까지가 믿음이고 들음이다. 성경 공부를 하고 일용할 양식을 묵상하고 끝낸 것이 아니다.

한센병(나병)에 걸린 나아만 장군은 이스라엘 땅에서 포로로 잡혀 온 계집종으로부터 "엘리사 선지자가 한센병(나병)도 고칠 수 있다"는 이야기를 전해 듣게 된다. 그는 아람의 군대 장관이었지만 하찮은 계집종의 말을 듣고도 이스라엘 땅의 엘리사 선지자에게 나아간다.

이처럼 하나님께서는 택하신 자들에게 듣는 마음을 예비해 주신다. 그러나 계집종의 말을 듣고 엘리사를 찾아간 나아만 장군은 "요단강에 나아가 일곱 번 몸을 씻으라"는 엘리사의 말에 실망하고 분노했고 그냥 고국으로 돌아가고자 한다.

그의 생각에는 엘리사가 나아와 환대하며 자신의 환부에 손을 대고 한센병(나병)을 고쳐줄 것이라 기대했던 것이다. 하지만 엘리사는 그렇게 하지 않았는데, 이에 나아만 장군은 자존심과 인간적인 생각을 내려놓고 다시 한번 종들의 말에 귀를 기울이고 움직인다.

> 그의 종들이 나아와서 말하여 이르되 내 아버지여 선지자가 당신에게 큰 일을 행하라 말하였더면 행하지 아니하였으리이까 하물며 당신에게 이르기를 씻어 깨끗하게 하라 함이리이까 하니 나아만이 이에 내려가서 하나님의 사람의 말대로 요단 강에 일곱 번 몸을 잠그니 그의 살이 어린 아이의 살 같이 회복되어 깨끗하게 되었더라(왕하 5:13-14).

나아만 장군이 종들의 말에 귀를 기울이고 들은 결과는 한센병(나병)을 고침 받은 것뿐만 아니라, 그의 살이 어린아이의 살 같이 희게 되었다고 말씀하고 있다. 포로로 끌려온 하찮은 계집종의 말을 듣고 종들의 말에 귀를 기울여 들을 줄 아는 '듣는 마음과 들을 귀'가 그에게 있었다.

그러나 아람 군대가 사마리아 성을 에워쌌을 때, 이스라엘 왕의 사신은 선지자 엘리사의 말을 우습게 여겼다.

아람 군대가 쳐들어와 사마리아를 에워싸 성안에 갇혀 있던 사람들이 기근으로 서로 자식까지 맞바꾸어 잡아먹어야 했던 상황이 벌어지게 되었다. 이런 극한 상황에서 엘리사는 왕의 사신에게 내일 이맘때에 곡식이 넘쳐나 곡식값이 폭락하게 될 것을 예언했다. 이 말을 들은 왕의 사신은 "여호와께서 하늘의 창을 내신들 어찌 이런 일이 있으리요" 하면서 선지자의 말을 믿지 못했다.

이에 왕의 사신은 엘리사의 말이 이루어지는 역사를 보겠으나 그 양식을 먹을 수는 없다는 말씀은 그대로 이루어진다. 또한, 그 사신은 한센병자(나병환자)가 전해 준 소식을 듣고 성 밖의 식량과 전리품들을 향해 달려 나가는 백성들을 제지하다 그들에게 밟혀 죽고 만다. 이처럼 왕의 신하에게는 선포되는 하나님의 말씀에 믿음으로 반응하는 들을 귀가 없었던 것이다.

하나님의 일들이 행해지고 비전이 선포될 때 보이는 것, 들리는 것이 없어도 하나님을 신뢰하고 믿음으로 반응할 줄 알아야 한다. 선포되는 하나님의 말씀을 현실의 상황을 바라보며 제한하지 말고 믿음으로 듣고 반응해야 한다.

그러나 너희 눈은 봄으로, 너희 귀는 들음으로 복이 있도다 내가 진실로 너희에게 이르노니 많은 선지자와 의인이 너희가 보는 것들을 보고자 하여도 보지 못하였고 너희가 듣는 것들을 듣고자 하여도 듣지 못하였느니라(마 13:16-17).

예수님께서는 이 세대 사람을 장터에서 피리를 불어도 춤을 추지 않고 곡을 해도 울지 않는 모습에 비유했다. 심판의 나팔 소리가 울려 퍼져도, 전쟁의 선전 포고가 있어도 눈 하나 꿈쩍하지 않고 무관심하다는 것이다.

우크라이나에서 전쟁으로 사람이 죽어 가고 군인들에 의한 만행이 자행되고 있음에도 러시아산 대게 가격이나 리터 당 휘발윳값에 더 민감하게 반응하는 것이 현실이다.

마지막 시대는 고통 하는 시대가 올 것인데 무정하고 무자비하며 무감각한 시대가 될 것이라고 말씀하셨다. 예수님께서는 지금도 구원의 피리를 불어 주사 우리 영혼을 춤추게 하신다. 그러나 성령이 충만히 역사하는 예배 가운데 있어도 말씀이 들리지 않고 아무 감각이 없다면 마음의 완악함에서 돌이켜야 한다.
어려움을 탓하고 원망하거나 낙심하지 말고 무뎌지고 딱딱해진 마음을 기경해야 한다. 바윗돌처럼 굳어진 마음을 기도로 기경하고 찬송으로 기경해야 한다. 기도가 어렵다면 시편 말씀을 기도하는 마음으로 소리 내어 읽어 보길 권하고 싶다. 혼자 일어서려 하지 말고 적극적으로 모임과 예배에 동참하기를 권면한다.

하나님께서는 꺼져 가는 심지도 끄지 않으시고 모닥불처럼 피어나게 하실 것이다. 낙심한 마음, 완악한 마음이 회복되려면 믿음이 필요하다.

내 속에서 나오는 생각은 하나님과 원수가 된다. 그러므로 영의 생각을 하고 하나님의 마음을 덧입고 믿기 위해서는 하나님의 말씀을 들어야 한다. 들리지 않는다면 듣는 마음을 기도로 구해야 한다. 보고 듣고 묵상하는 것이 결국에는 그 사람의 신앙이 된다. 내 속에 선한 것이 없고, 내 속에 강한 것이 없고, 내 속에 지혜로운 것이 없다.

그래서 히브리서 12:2에서는 이렇게 말씀하신다.

믿음의 주요 또 온전하게 하시는 이인 예수님을 바라보자(히 12:2).

이처럼 믿음의 주요 온전케 하시는 이인 예수님을 바라봐야 한다. 문제 상황들과 자신의 처지를 묵상하지 말고 하나님의 말씀을 주야로 묵상하며 들어야 한다. 그렇게 될 때, 예수님의 피리 소리에 영혼이 춤을 추고, 하나님의 죄인들을 향한 애곡하는 소리에 울게 될 것이다.

요한복음 8:47에는 이렇게 말씀하셨다.

> 하나님께 속한 자는 하나님의 말씀을 듣나니 너희가 듣지 아니함은 하나님께 속하지 아니하였음이로다(요 8:47).

또한, 베드로전서 2:2에서 베드로는 이렇게 말한다.

> 갓난 아기들 같이 순전하고 신령한 젖을 사모하라 이는 그로 말미암아 너희로 구원에 이르도록 자라게 하려 함이라(벧전 2:2).

이처럼 "갓난아기처럼 신령한 말씀의 젖을 사모하라"고 했다. 하나님은 사모하는 영혼을 만족하게 하실 것이다.

하나님의 말씀을 듣게 될 때 영혼이 소생될 것이다.
죽었던 심령이 살아나고 어두운 마음이 밝아질 것이다.
갈 길을 밝히 보여 주시고 장래의 길을 인도해주실 것이다.

> 진실로 진실로 너희에게 이르노니 죽은 자들이 하나님의 아들의 음성을 들을 때가 오나니 곧 이 때라 듣는 자는 살아나리라(요 5:25).

> 여호와의 율법은 완전하여 영혼을 소성시키며 여호와의 증거는 확실하여 우둔한 자를 지혜롭게 하며 여호와의 교훈은 정직하여 마

음을 기쁘게 하고 여호와의 계명은 순결하여 눈을 밝게 하시도다 (시 19:7-8).

하나님은 지금도 살아계셔서 택하신 자녀들에게 말씀하고 계신다. 창세기 1장은 말씀으로 천지를 창조하신 하나님을 계시해 주고 있다. 우주 만물이 창조될 때마다 하나님의 말씀이 선포되고 있다.

하나님이 이르시되 빛이 있으라 하시니 빛이 있었고(창 1:3).

하나님은 태초부터 말씀하고 계신 하나님이시고 영원하신 말씀 자신이다. 이 하나님은 지금도 살아계셔서 말씀하고 계신다. 이제 이렇게 말씀 하시는 하나님의 말씀을 우리가 들어야 할 차례이다.

내 생각을 내려놓고 욕심과 탐욕을 내려놓고 세상을 사랑하는 마음도 내려놓고 하나님의 음성에 귀를 기울여 보자!
춤을 추게 될 것이고, 애곡하게 될 것이고, 죽은 영혼이 살아나는 역사를 경험하게 될 것이다. 하나님의 치유와 보호를 경험하게 될 것이다. 하나님의 음성을 듣게 될 때 반드시 회복되어 쓰임 받게 될 것이고, 하나님의 꿈을 함께 꾸며 하나님과 함께 걷게 될 것이다.

제6장

깨어 있는 삶
(심판은 반드시 온다)

노아가 600세 되던 해,

므두셀라의 죽음과 함께 하늘의 창이 열리고 홍수심판이 시작된다. 하늘이 창이 열려 비가 쏟아지는 순간에도 사람들은 아랑곳하지 않았다.

영화 〈기생충〉의 한 장면처럼 홍수는 저지대 사람들의 재앙일 뿐 자신들과는 아무런 상관없는 재난으로 여기며 오만한 일상을 살아가기에 여념이 없었을 것이다.

그러나 므두셀라!

그가 살아 있는 동안 선포하고 외쳐왔을 말씀, 그 말씀 그대로 그의 죽음과 함께 하늘의 창이 열리고 홍수심판이 시작되었다.

므두셀라의 죽음과 함께…

종말을 향한 그의 경고는 마침내 이루어진다.

은혜 받을 만할 때, 구원의 골든타임이 지나고 전무후무한 심판이 세상에 들이닥친 것이다.

> 보라 지금은 은혜 받을 만한 때요 보라 지금은 구원의 날이로다 (고후 6:2하).

종말의 때를 일깨우는 사명을 감당한 므두셀라는 969세를 살아가며 그의 전 존재를 다해 외쳐야만 했다. 므두셀라의 심판과 종말에 대한 외침은 진정한 구원의 복음이었음에도 세상을 향한 그의 종말의 복음은 외면당하고 만다. 그가 전한 심판의 경고를 무시한 세상은 결국 물의 넘침으로 종말을 맞이하게 된다.

므두셀라의 경고에 대한 유일한 대안은 방주 안으로 들어가는 것이다. 므두셀라의 생명이 다하기 전에 방주를 향해 달려 나아가 그 안으로 들어가야 한다. 이것이 홍수심판에서 건짐 받을 수 있는 유일한 길이다. 물의 넘침으로 멸망할 세상에서 구원 받을 수 있는 길은 므두셀라를 통해 주시는 하나님의 음성에 귀를 기울이고 듣는 것이다.

홍수심판에서 구원받고자 하는 자는 하나님이 지시하신 방주 안으로 피했어야 한다. 므두셀라의 복음을 외면한 자들에게 심판은 현실이 되었다.

므두셀라, 그가 죽으면 심판이 온다.

노아가 600세 되던 해에 므두셀라가 죽고, 그가 죽은 해에 마침내 홍수심판이 시작되었다. 하나님의 최후 심판의 날은 반드시 온다. 그때 하나님의 자녀로 거듭난 사람들은 예수님의 재림과 함께 공중으로 들림받아 구원과 영생의 반열에 오르게 될 것이다. 그날에 택함을 받은 성도들이 휴거된 후에 이 사실을 뉴스속보로 이 땅에서 접하는 일은 결단코 없어야 한다.

그러나 예수님이 재림하실 그날에는 두 사람이 함께 밭에 있다가 한 사람은 들림을 받고, 한 사람은 버려둠을 당할 것이다. 두 사람이 함께 맷돌을 갈다가 한 사람은 들림을 받고 한 사람은 버려둠을 당할 것이다(마 24:40-41).

이처럼 너무나 확연하게 버림받는 자와 데려감을 받는 자가 나뉘게 될 것이다. 그날에는 구원받는 자와 심판받을 자의 구분만이 있을 것이다.

두 사람이 똑같이 밭에 있었고, 두 사람이 똑같이 맷돌을 갈았고, 두 사람이 똑같이 자리에 누워 있었다. 행위나 형편으로 보기에 두 사람의 차이를 구별하기 어렵다. 그러나 이들이 함께 밭을 갈고 맷돌을 돌렸다 해도 그 동기와 목적이 확연히 달랐음을 알 수 있다.

그러므로 고린도전서 10:31에서는 이렇게 말씀하고 계신다.

> 그런즉 너희가 먹든지 마시든지 무엇을 하든지 다 하나님의 영광을 위하여 하라(고전 10:31).

무엇을 먹든지 무엇을 하든지 하나님의 영광을 위해 이 땅을 살아가는 자들과 이생의 자랑과 육신의 정욕과 안목의 정욕을 따라 사는 삶의 '결국'은 다를 것이다. 이 땅의 썩어질 것을 목적으로 삼고 사는 사람과 성령을 위해 심는 삶의 '결국'은 다를 것이다.

자기의 육체를 위하여 심는 자는 육체로부터 썩어질 것을 거두고 성령을 위하여 심는 자는 성령으로부터 영생을 거두게 될 것이다.

> 자기의 육체를 위하여 심는 자는 육체로부터 썩어질 것을 거두고 성령을 위하여 심는 자는 성령으로부터 영생을 거두리라(갈 6:8).

고3 수험생들이 가장 간절하게 원하는 것은 대학에 합격하는 것일 것이다. 고시생들이나 취준생들에게는 시험에 합격하여 원하는 직장에 취업하는 것이 가장 간절한 소원일 것이다. 그러나 이 자체가 인생의 목적이 된다면 육체를 위하여 썩어질 것을 심는 것에 지나지 않는다.

밭에 서 있다가, 또는 맷돌을 갈다가 한 사람은 들림을 받고 한 사람은 버림을 당한 것을 볼 때 최후 심판의 날이 온다고 해서 이러한 일상도 소홀이 여겨서는 안 됨을 알 수 있다.

내일 일을 알 수 없는 우리에게는 오늘이 영원할 것처럼 최선을 다하는 삶과 오늘이 최후의 날인 것처럼 깨어 있는 삶의 자세가 요구된다.
그러나 대학에 합격하는 것보다, 원하는 직장에 취업하는 것보다 비교할 수 없이 중요한 것은 마지막 순간에 들림을 받고 구원의 반열에 서는 것이다. 하나님의 생명록책에 내 이름이 기록되는 것이다.

지금 내가 밭에 있는 자인가?
사업장과 직장에, 사역지에 서 있는 나는 예수님의 공중 재림 때에 들림을 받을 수 있는 자인가?
집안에서 맷돌을 돌리고 있는 나는 들림 받을 준비가 되었는가?

내가 들림 받을 준비가 되었다면 이제 주변을 돌아보아야 한다. 내가 들림 받을 준비가 된 자라면 이제 함께 맷돌을 돌리고 있는 사랑하는 자녀와 사랑하는 부모, 소중한 나의 가족과 이웃들을 돌아보아야 할 것이다. 그리고 강권하여 이 길에 함께 해야 할 것이다.

> 사람이 만일 온 천하를 얻고도 제 목숨을 잃으면 무엇이 유익하리요 사람이 무엇을 주고 제 목숨과 바꾸겠느냐(마 6:26).

마지막 순간에 예수님이 재림하는 순간에 들림을 받는 사람이 있는가 하면 들림 받지 못하고 버려지는 자들이 반드시 있을 것이다. 맷돌을 갈다가, 밭을 갈다가 한 사람은 들림을 받고 한 사람은 버려둠을 당하는 이유는 도적 같이 그날이 오기 때문이다. 들림 받지 못한 자들에게는 구원의 복음이 비밀로 가려 있기 때문이다.
"십자가의 도가 멸망하는 자들에게는 미련한 것"으로 여겨질 것이다. 그러나 예수 그리스도의 구원의 복음은 이를 믿는 사람에게는 하나님의 능력이 된다.

> 십자가의 도가 멸망하는 자들에게는 미련한 것이요 구원을 받는 우리에게는 하나님의 능력이라(고전 1:18).

징조를 통해 마지막 때를 분별할 수는 있지만 그날과 시를 알 수 없으므로 깨어 있지 않으면 그날을 대비할 수가 없다.

> 주의 날이 밤에 도둑 같이 이를 줄을 너희 자신이 자세히 알기 때문이라(살전 5:2).

그러면, 종말의 때를 왜 준비해야 하는가?

아담의 범죄 이후 모든 육체는 예외 없이 한 줌의 흙으로 귀결되는 삶을 살아가고 있다. "선악을 알게 하는 나무의 실과를 먹는 날에는 반드시 죽으리라"(창 2:17)라고 말씀하셨으나 선악과를 범한 후에도 아담과 하와에게 죽음과 심판은 요원하기만 하다. 그러나 죽음은 전혀 예기치 않은 때에 아담과 하와의 폐부를 찌르 듯 청천벽력 같이 임하게 된다.

범죄 후에도 동산 밖에서 건재하며 "먹는 날에는 반드시 죽으리라"는 하나님의 말씀이 희미하게 느껴졌을 바로 그때, 아담과 하와에게 아들 아벨의 사망 비보가 날아들게 된 것이다.

이는 범죄로 인해 저주가 임한 땅 위에서 경험하는 최초의 죽음이었다. 순리대로라면 아담과 하와 뒤를 이어야 하는 아들 아벨의 부고가 전혀 예상치 못한 순간에 아담과 하와 앞에 당도한 것이다. 자식이 부모보다 먼저 세상을 떠나는 것을 '참척'(慘慽)이라고 한다. 이는 창자가 끊기는 듯한 참혹한 슬픔과 근심을 표현한 것이다.

땅 위의 어떤 육체도 죄인된 자로서 "반드시 죽으리라"는 하나님의 말씀을 피해갈 수는 없다. 이처럼 창세기로부터 요한계시록까지 하나님의 말씀은 일점일획도 땅에 떨어지지 않고 그대로 이루어져 왔고 장차 예언된 말씀도 반드시 이루어질 것이다.

하나님의 아들 예수 그리스도의 성육신, 십자가의 죽으심과 부활, 천국과 지옥이 말씀하신 그대로 이루어졌으며 말씀하신 그대로 이루어질 것이다.

창세기는 "하나님이 말씀하시되 … 그대로 되니라"라는 말씀이 반복적으로 기록되고 있다. 하나님은 지금도 살아계셔서 말씀하시며 그 말씀이 그대로 이루어지게 하시는 전능자 하나님이시다.

그러면, 성경이 말하는 '사망'은 어떠한 것인가?

육체에 담겨 있던 영혼은 마지막 호흡이 끊기게 됨과 동시에 천국과 지옥 중의 한 곳으로 영원히 옮겨 가도록 판가름 난다. 살아생전에 영혼이 돌아갈 집이 예비되지 않은 자들은 영원히 꺼지지 않는 지옥 불못에서 형벌을 받아야 한다. 수천 도에 달하는 태양이 그 불이 꺼지지 않고 타오르고 있는 것처럼 지옥의 뜨거운 불은 영원히 꺼지지 않는다. 이곳은 시간의 흐름이 없는 곳이고 한 번 떨어진 자는 다시는 나올 수 없는 불가역적인 곳이다. 지옥은 하나님의 은혜와 자비가 영원히 미치지 않는 곳이다.

사람이 마지막 숨을 거두기 전의 호흡을 '체인스톡 호흡'(Cheyne stokes respition)이라고 말한다.

체인스톡 호흡은 임종 시 온 힘을 기울여 마지막 숨을 거칠게 몰아쉬고 무호흡 상태가 되었다가 다시 최후의 에너지를 다 동원하여 거친 숨을 몰아쉬는 호흡이다. 이 호흡이 멈추는 순간 죄사함을 받지 못한 죄인들은 영원한 지옥의 불못에 떨어지게 된다. 살아생전 영혼의 때를 준비하지 않은 자들은 이 한 가닥 숨이 멈추게 되는 순간 다시는 돌이킬 수 없는 지옥으로 떨어지게 된다.

그러므로 마지막 이 호흡은 사력을 다해 몰아쉬어야만 하는 가장 절박한 호흡이다. 이 호흡이 다가오기 전, 은혜받을 만한 넉넉한 때에 구원에 관한 선택을 해야만 한다.

그러나 이 땅에 살아 숨 쉬는 동안 영혼의 때를 위하여 구원의 복음 '예수 그리스도'를 영접한 자들은 천사들에 이끌려 천국에 이르고 하나님 아버지 품 속에서 영원한 안식을 누리게 된다. '천국이냐, 지옥이냐'를 선택할 수 있는 것은 이 땅에 숨이 붙어 있는 순간까지만 가능하다.

지옥에 관한 경고의 말씀은 죄인 된 인간들에게 진정한 복음이 아닐 수 없다. 누가복음 16장에는 '거지 나사로와 부자의 비유'가 나온다.

이 땅에 살면서 자색 옷을 입고 잔치를 즐기며 부유하게 살던 부자의 비극은 지옥에 가고 나서 이 복음을 깨닫게 된다는 것이다. 물 한 모금 손가락에 찍을 수 없는 뜨거운 지옥 불 속에서 자신은 결코 벗어날 수 없음을 깨닫게 된다. 부자는 아직 살아 있는 다섯 형제에게 돌아가서 천국과 지옥이 있음을 알려주고 자신처럼 지옥 불에 떨어지지 않도록 전하고자 간청한다.

그러나 하나님께서는 누가복음 16:31에 이렇게 말씀하신다.

> 이르되 모세와 선지자들에게 듣지 아니하면 비록 죽은 자 가운데서 살아나는 자가 있을지라도 권함을 받지 아니하리라 하였다 하시니라 (눅 16:31).

그러기에 지금 이 땅에서 선포되는 하나님의 말씀과 복음 앞에 귀를 기울이고 엎드려야만 한다. 아직 살아 있을 때 천국과 지옥에 관한 말씀을 흘려 들어서는 안 될 것이다. 때와 기한은 언제인지 알 수 없으나 상황적으로 볼 때 예수님 재림의 때가 임박했음을 알 수 있는 때이다. 천지의 기상을 분별할 수 있는 것같이 하나님을 믿는 믿음으로 사는 자, 깨어 있는 자들에게는 시대를 분별할 수 있는 지혜를 부어 주신다.

그러므로 하나님의 말씀에 귀를 기울이고 믿음으로 반응해야만 한다.

> 또 무리에게 이르시되 너희가 구름이 서쪽에서 이는 것을 보면 곧 말하기를 소나기가 오리라 하나니 과연 그러하고 남풍이 부는 것을 보면 말하기를 심히 더우리라 하나니 과연 그러하니라 외식하는 자여 너희가 천지의 기상은 분간할 줄 알면서 어찌 이 시대는 분간하지 못하느냐(눅 2:54-56).

예수님의 재림 때나 개인의 인생의 종말의 때가 되면 우리는 반드시 지옥이나 천국 행을 결정짓게 되어 있다. 예수님의 재림 때 시대적 종말이 멀고 막연하게 느껴진다면 개인의 종말의 때를 반드시 기억해야 한다. 적어도 100년 안에 우리는 모두 개인의 종말을 맞이하고 천국이든 지옥이든 정해진 처소로 나아가게 될 것이다.

　그 선택은 전적으로 이 땅에서 숨 쉬고 있는 동안에만 가능하다. 하나님이 정해주신 구원의 길 되신 예수님을 영접하고 믿음으로 받아들이느냐 거부하느냐에 달려 있다.

제7장

므두셀라
(구원의 복음)

므두셀라는 그 시대에 유명한 네피림 집안도 아니고 악기를 다루는 예술가나 장차 바벨탑을 세울 건축가의 집안에서 태어난 것도 아니다. 그는 하나님과 동행한 아담의 칠대 손자 에녹의 아들로 태어나 평생에 자식을 낳은 일 외에는 특기할 만한 것이 없었다.

하나님과 동행하여 죽음을 보지 않고 옮겨 간 에녹이 65세 되던 해에 아들을 낳았고 그 아들을 므두셀라라 이름하였다. 그리고 므두셀라가 태어난 후부터 하나님과 동행하게 되었다고 기록하고 있다.

> 에녹은 육십오 세에 므두셀라를 낳았고 므두셀라를 낳은 후 삼백 년을 하나님과 동행하며 자녀들을 낳았으며(창 5:21-22).

우리 각 사람에게도 므두셀라의 탄생 시점과 같이 하나님과 동행하게 된 계기가 각자에게 있을 것이다. 어떤 사람은 건강 문제로, 어떤 사람은 경제적인 어려움 속에서, 어떤 사람은 관계의 어려움 속에서 하나님과 동행해야만 했던 절박한 이유가 있었을 것이다. 아마도 하나님 없이 사는데 사업이 너무 잘되고, 건강이 최고조이며 하는 일마다 잘 풀리고 있다면 하나님을 의지하는 신앙생활의 출발이 쉽지 않을 것이다.

이렇게 볼 때 아마 에녹에게 므두셀라의 탄생과 더불어 하나님을 의지하여 동행하지 않으면 안 될 절박한 이유가 분명히 있었을 것이다.

창세기 5장에 땅이 저주 가운데 있다는 기록을 볼 때, 그것은 아마 자기 힘과 재능과 지혜를 자랑하며 살았던 가인의 후예들과는 다른, 그 어떤 연약함이나 근심을 가져다주는 문제 상황이 아니었을까 싶다. 이와 관련해 이사야 42:22에는 "도둑 맞으며, 탈취를 당하며, 잡히며, 갇히며, 노략질 당하며"와 같이 대적들의 공격을 표현하고 있다.

> 이 백성이 도둑 맞으며 탈취를 당하며 다 굴 속에 잡히며 옥에 갇히도다 노략을 당하되 구할 자가 없고 탈취를 당하되 되돌려 주라 말할 자가 없도다(사 42:22).

대적들의 공격 앞에서 이들을 건져낼 구원자가 없으며 보호자가 없는 철저한 무방비 상태!

이는 비단 바벨론의 포로로 끌려가는 유다 백성들의 처지만은 아닐 것이다. 에녹이 사는 날 동안에도 대적들로부터 자신과 부족을 지켜 내는 과정에서 탈취와 노략질을 당하며 잡히고 갇히게 되는 상황들이 수없이 재연되었을 것이다. 아마 므두셀라가 태어나기 이전의 상황도 이와 같았을 것이다.

이는 창세기 3장에 나타난 인간의 범죄와 타락 이후로 가인의 후예들이 맞닥뜨려야 하는 실존이기도 하다. 구원자가 없고 보호자가 떠난 절박하고 두려운 상황 가운데 가인의 후손들은 성을 쌓고 바벨탑을 쌓는 선택을 하게 된다. 질병을 극복할 수단으로 의술을 택하고 자연의 재해와 위협으로부터 보호할 수단으로 견고한 성을 세울 건축술을 발전시킨다. 하나님과 동행하는 데서 오는 영적인 기쁨을 대체할 음악과 예술, 엔터테인먼트를 택했다. 생명의 위협으로부터 불안을 잠재울 수단으로 무기를 개발했다.

그러나 에녹은 므두셀라의 탄생 시점부터 하나님과 동행하는 선택을 하게 된다. 유다서 1장에서는 므두셀라의 출생과 더불어 에녹에게 하나님과 동행하는 삶이 시작되기 전에 엄청난 사건이 있었음을 조명해 주고 있다.

> 아담의 칠대 손 에녹이 이 사람들에 대하여도 예언하여 이르되 보라 주께서 그 수만의 거룩한 자와 함께 임하셨나니(유 1:14).

 이처럼 수천수만의 천사를 이끌고 하나님께서 에녹에게 임재하신 것이다. 강대국의 대통령이 자국의 외교 수장들과 군사들을 수만 명 이끌고 개인에게 찾아온다면 전 세계가 주목하고 놀랄 일일 것이다. 그런데 만왕의 왕이신 하나님이 친히 수만의 천사들을 이끌고 에녹에게 임하신 것이다.
 그리고 그렇게 에녹에게 임하셔서 심판에 관한 메시지를 전해 주신다.

> 이는 뭇 사람을 심판하사 모든 경건하지 않은 자가 경건하지 않게 행한 모든 경건하지 않은 일과 또 경건하지 않은 죄인들이 주를 거슬러 한 모든 완악한 말로 말미암아 그들을 정죄하려 하심이라 하였느니라(유 1:15).

 므두셀라가 태어나면서부터 에녹이 하나님과 동행하는 삶을 선택할 수 있도록 하나님께서 심판에 대한 경고의 말씀을 에녹에게 전해 주신 것이다. 경건치 않은 자들의 경건치 않은 말과 행동을 심판하시겠다는 경고의 말씀을 들은 에녹은 이 순간부터 하나님과 동행하게 된 것이다.

우리도 하나님과 동행하는 삶을 결정하기 전에 에녹의 삶이 65세까지 그랬던 것처럼 죄에 대해, 의에 대해, 심판에 대해 무지한 삶을 살았다.

그러나 살아계신 하나님이 천사를 동원하여 우리를 찾아와 주셨고 하나님의 계시와 약속의 말씀을 들려주셨다. 이에 따라 우리도 에녹과 같이 하나님과 동행하는 삶의 여정이 시작된 것이다.

우리에게 수천수만의 천사가 동원되어 하나님의 말씀이 임하는 통로는 대부분 부흥회나 수련회의 예배를 통해서였다. 예배 시간에 우리가 찬양을 올려드릴 때, 회개의 기도를 드릴 때, 강단을 통해 하나님의 말씀이 선포될 때, 하나님의 거룩하신 성령이 임하시고 수천수만의 천사가 동원된다.

우리에게도 영의 눈을 열어 주셔서 에녹과 같은 광경을 예배의 현장에서 체험하고 볼 수 있길 소망한다.

우리가 에녹처럼 하나님과 동행하기 위해서는 살아계신 하나님의 임재를 경험하는 예배의 자리에 적극적으로 나아가야 한다.

예배를 통해 선포되는 말씀을 천둥처럼 귀 기울여 듣고 붙잡아야 한다. 죄인들은 죽음의 관문 뒤에서 반드시 공의로운 재판관이신 하나님의 심판대 앞에 서야만 한다.

여기에는 어떤 인간도 예외가 없다. 왜냐하면, 모든 사람이 아담의 원죄를 타고난 죄인이기 때문이다.

> 죽음을 피할 수 있는 사람이 없듯이 죽음 후에 있을 심판을 피할 자가 없으니 하나도 없으며!

이것이 성경이 내려 주는 인간에 대한 진단이고 최종 판결이다. 로마서에서는 "모든 사람이 죄를 범하였다"고 진단을 내린다.

> 모든 사람이 죄를 범하였으매 하나님의 영광에 이르지 못하더니 (롬 3:23).

의인은 없나니 하나도 없다고 선고한다. 선을 행하는 자도 없다고 선포하고 있다.

> 기록된 바 의인은 없나니 하나도 없으며 깨닫는 자도 없고 하나님을 찾는 자도 없고 다 치우쳐 함께 무익하게 되고 선을 행하는 자는 없나니 하나도 없도다(롬 3:10-12).

죄목이 이와 같다면 의로우신 재판장이신 하나님의 판결은 무엇인가?

> 죄의 삯은 사망이요(롬 6:23상).

죄의 삯으로 '사망선고', '사형선고'가 내려진 것이다.

그런데 이 죄에 대한 형벌은 육체의 죽음으로 끝나는 형벌이 아니다.

> 한번 죽는 것은 사람에게 정해진 것이요 그 후에는 심판이 있으리니 (히 9:27).

> 또 내가 보니 죽은 자들이 큰 자나 작은 자나 그 보좌 앞에 서 있는데 책들이 펴 있고 또 다른 책이 펴졌으니 곧 생명책이라 죽은 자들이 자기 행위를 따라 책들에 기록된 대로 심판을 받으니 바다가 그 가운데에서 죽은 자들을 내주고 또 사망과 음부도 그 가운데에서 죽은 자들을 내주매 각 사람이 자기의 행위대로 심판을 받고 사망과 음부도 불못에 던져지니 이것은 둘째 사망 곧 불못이라 누구든지 생명책에 기록되지 못한 자는 불못에 던져지더라(계 20:12-15).

이처럼 성경은 "사람이 한 번 죽는 것으로 끝나는 것이 아니고 둘째 사망이 있다"고 말씀하고 있다. 다시 말해, 육체의 죽음으로 모든 것이 끝나는 것이 아니다. 반드시 죄인들은 영원히 꺼지지 않는 유황불못에서 죄에 대한 심판을 받아야 한다. 살아생전에 죄를 사면받지 못한 죄인들은 지옥의 형벌을 받아야만 한다.

죄의 대가로 사망이 임하게 되고, 이 사망은 육체의 죽음으로 끝나는 사망이 결코 아니다. 영원히 죽지 않는 영혼의 심판, 불과 유황으로 타는 못에 던져지는 '불 심판'이다.

이 말씀이 누구도 피할 수 없는 인간 실존에 대한 진단이고 처방이다. 이 죄에 대한 사면권은 오직 하나님께 있다. 하나님께서는 죽음과 심판에서 건짐받을 오직 한 길, 완전한 구원의 길, 그 길을 예비해 놓으시고 계시해 주셨다.

하나님은 범죄하여 사형선고를 받고 낙원에서 추방되어야만 하는 인간에게 먼저 찾아오신다.

하나님이 금지하신 선악과를 범한 후에 심판에 대한 두려움으로 하나님을 피하여 숨은 아담에게!
그가 현재 머물고 있는 저주의 자리!
죄악의 자리!
심판의 자리!

그 자리를 깨달을 수 있도록 그의 근본에 대해 질문을 던지신다.

> 여호와 하나님이 아담을 부르시며 그에게 이르시되 네가 어디 있느냐 (창 3:9).

"아담아, 네가 어디 있느냐?"

거룩하신 전능자 하나님의 질문 앞에 선 자들은 그 음성 앞에 이렇게 외칠 수밖에 없다.

내가 두려워 하여 숨었나이다(창 3:10하).

화로다 나여 망하게 되었도다(사 6:5상).

거룩하신 전능자 하나님 앞에서 그 어떤 육체가 '나는 선하다, 죄가 없다, 의롭다'고 주장할 수 있겠는가?

그러나 죄로 인해 망할 수밖에 없는 실존을 깨닫는 인생에 하나님은 구원의 길을 활짝 열어 놓고 초청해 주신다.

마치 범죄자가 카메라 앞에서 얼굴을 가리듯 하나님께서는 벌거벗었음으로 숨을 수밖에 없던 아담에게 짐승의 피를 흘려 가죽옷을 지어 입히심으로 그의 허물과 수치를 가려 주셨다. 그리고 온 인류의 죄를 대속해 주실 '여자의 후손'을 약속해 주신다.

죄인 된 인간을 구원하시기 위해 하나님의 독생자가 여자의 후손으로 태어나실 것이며, 그 죄인들을 대신해 십자가에 못 박혀 죽게 하실 하나님의 계획까지 알려주신다.

> 내가 너로 여자와 원수가 되게 하고 네 후손도 여자의 후손과 원수가 되게 하리니 여자의 후손은 네 머리를 상하게 할 것이요 너는 그의 발꿈치를 상하게 할 것이니라 하시고(창 3:15).

하나님께서 범죄한 아담에게 약속해 주신 구원자로 오실 여자의 후손!

그가 마침내 동정녀 마리아를 통해 역사 속에 찾아오신다. 이로써 사형선고를 받고 죽어야 했던 인간에게 '대(大)사면의 길'을 활짝 열어 주셨다. 하나님께서 친히 열면 닫을 자가 없고 닫으면 열 자가 없는 구원의 길을 예비해 주시고 열어 주신 것이다.

이 문은 우리가 호흡이 붙어 있는 순간까지 열려 있다.
누구에게나 어떤 죄인에게도 유효하다. 이 은혜는 죄에서 돌이켜 구원의 길로 예비해 주신 하나님의 독생자를 영접하는 자에게 주어진다. 그러나 우리의 숨이 멈추는 순간, 이 구원의 문은 닫히게 되고 다시는 열릴 수가 없는 문이 된다.

그러므로 호흡이 붙어 있는 순간까지 우리는 반드시 이 중요한 선택을 매듭지어 놓아야만 한다. 우리의 구원자가 되신 하나님의 독생자를 받아들이고 믿는 것이야말로 죄인들에게 가장 중요하고 가장 시급한 과제이다.

그러면, 구원의 문을 두드리고 그 문으로 들어가는 길은 무엇인가?

> 하나님이 세상을 이처럼 사랑하사 독생자를 주셨으니 이는 그를 믿는 자마다 멸망하지 않고 영생을 얻게 하려 하심이라(요 3:16).

'하나님이 세상을!'

이같이 구원의 시작은 하나님께로부터 출발한다.

'이처럼 사랑하사!'

이처럼 사랑하시는 하나님의 사랑으로부터 구원의 문이 열리게 된다.
죄인들은 구원의 자리에 결코 이를 수 없다. 어둠은 빛 가운데 나아갈 수 없다.

그러나 하나님께서 죄인된 우리를 이처럼 사랑하시기에…
십자가 사형대 위에 독생자 예수님을 대신 내어 주고 우리에게 구원과 생명의 길을 열어 주셨다.
우리 죄를 대신하여 십자가에 못박혀 물과 피를 다 쏟아내고 죽으시고 부활하신 예수!

'하나님의 아들, 독생자 예수님을 믿는 자마다'

그가 어떤 사람이든, 어떤 형편이든, 그는 구원과 영생을 선물로 받을 것이고, 누릴 것이다.
우리가 선을 행할 때가 아니다. 하나님과 화목할 때가 아니다.
우리가 아직 죄인 되었을 때, 하나님과 원수 되었을 때, 우리가 하나님이 누구신지 알지도 못할 그 때에,
하나님께서는 이처럼, 사랑하사, 그 아들 예수님의 피값으로 우리를 구속하셨다.

'이 예수님을 믿는 자마다 멸망치 않고 영생을 얻게 된다.'

영원한 형벌과 진노에서 건짐을 받고 하나님의 자녀로 다시 태어나게 된다.

'하나님이 세상을 이처럼 사랑하사 독생자를 주셨으니!'

하나님께서 독생자를 내어 주실 만큼 사랑하신 사람들은 누구인가?

하나님의 아들이 십자가에 못 박혀 죽어 갈 때 그 십자가 밑에서 예수님의 옷을 찢고 제비 뽑아 나눠 갖던 사람들!
하나님의 절대 주권에 도전하여 내가 주인이 되고 왕이 되어야만 하는 사람들!
자신의 이권을 위해 여론에 편승해 악플을 달고 서슴없이 하나님의 아들을 십자가에 못 박으라고 외치는 자들!

그들이 누구인가?
바로 우리의 모습이다.

한 손 마른 자!
간음한 자!
살인자!
우상숭배자!

이와 같은 모습들이 우리의 본성이고 실체이다. 하나님께서 이처럼 사랑하사 구원을 베푸신 사람들을 눈여겨보라.

동일한 죄로 반복하여 넘어지며 탄식하는 자들!
외식과 위선의 옷으로 치부를 가리고 남몰래 우는 자들!
더 이상 일어설 수 없는 막다른 코너에 몰린 자들!
모욕과 수치와 멸시가 합당해 보이는 죄인들!

그릇 행하여 자기 길로 가는 자들!

이들을 위해 하나님께서는 그 아들 예수님께 그들의 죄와 허물을 모두 담당 시키셨다. 그가 찔림은 우리의 허물 때문이요, 그가 상함은 우리의 죄악 때문이다. 그가 채찍에 맞음으로 우리는 나음을 입게 되었다.

하나님의 아들 예수님은 우리의 수치를 대신 짊어지셨다. 우리 대신 침뱉음을 당하셨고 모욕을 당하셨다. 하나님의 아들 예수님의 이마를 타고 흐르는 피, 가시관에 찔려 흐르는 그 피는 상처받은 이들의 주체할 수 없는 눈물을 멈추게 한다.

못 박힌 손과 발에서 흘러내리는 보혈의 피는 더 이상 일어설 수 없는 자들의 연약한 무릎을 일으켜 세운다. 창에 찔려 예수님의 허리를 타고 온몸으로 흐르는 물과 피는 우리의 죄를 타고 흘러넘치는 저주와 진노를 말끔히 씻어 준다.

십자가 위에 손과 발이 못 박히신 하나님의 아들 예수님은 한 발짝도 그 자리를 피할 수가 없다.

예수님의 결박으로 묶였던 자들이 자유케 될 것이기 때문에!
흉악의 결박이 풀어질 것이기 때문에!
결코 포기할 수 없는 한 생명 때문에!

하나님께서 이처럼 사랑하시는 바로 우리 자신을 위해 하나님의 아들이 매를 맞고 침뱉음을 당하고 모욕과 수치를 당하고 십자가 위에 높이 달려 고난을 당하신 것이다. 십자가 위에서 거룩하신 몸이 찢겨짐으로 우리의 죄로 하나님과 막힌 담을 헐어버리신다. 그리고 두려움 없이 하나님 품에 안길 수 있도록 새롭게 살 길을 열어주신다.

그 길이 바로 '구원의 길, 생명의 길, 영생의 길'이다.

> 이는 저를 믿는 자마다 멸망치 않고 영생을 얻게 하려 함이니라 (요 3:16하).

이것이 죄인들을 향한 하나님의 사랑의 증거이다.
세례(침례) 요한은 이 광경을 바라보고 이렇게 외쳤다.

> 보라 세상 죄를 지고 가는 하나님의 어린 양이로다(요 1:29하).

"하나님의 어린양 예수님을 바라보라!"

"일흔 번씩 일곱 번 넘어질 지라도 그가 널리 용서하시리라."
우리 힘으로는 하나님의 의에 이를 수 없다. 우리의 노력으로는 하나님의 거룩에 이를 수 없다. 우리의 신분으로는 저주에서 벗어날 수 없다.

그러나 십자가에서 내가 당할 모든 저주와 형벌을 당하시고 이 모든 의를 십자가에서 이루신다.

하나님의 어린 양, 예수님을 믿으라!
예수님을 믿으라, 예수님을 믿으라!

'하나님이 세상을 이처럼!'

이처럼 사랑하신다. 그 아들을 내어주시기까지…
아들을 십자가에 못 박으시기까지…
죄인들을 향한 하나님의 그 크신 사랑…
이 사랑으로부터 구원의 길이 시작되고 완성된 것이다.

죽어가는 자녀의 아픔을 대신 아파해 주고, 대신 죽어주고 싶은 것이 부모의 심정이다. 그러나 인간은 그 누구도 대신 죽어줄 수 없고, 대신해서 짐을 짊어질 수 없다. 그러나 하나님의 사랑은 사랑하는 자들을 위해 대신 죽어주신 사랑이다.

이 사실을 믿음으로 우리는 다시 태어난다.
이 사실을 믿음으로 의롭게 된다. 이 사실을 믿음으로 하나님의 자녀가 되는 권세를 누린다. 자녀만이 들어갈 수 있는 하늘 아버지의 집, 천국에 들어갈 수 있고, 하나님 아버지와 함께 거할 수 있게 된다. 피조물 된 인간을 위해 창조주께서 사람의 몸을 입고 대신 못 박혀 죽으셨다. 그리고 3일 만에 다시 살아나 영원토록 믿는 자들과 함께하신다.

천국 가는 그날까지 천국에서도 영원토록!

> 하나님이 세상을 이처럼 사랑하사 독생자를 주셨으니
> 이 예수님을 믿는 자마다 멸망치 않고 영생을 얻게 되리라.

하나님의 독생자, 예수님을 믿으면 구원을 받는다는 것이 하나님의 사면 방법이고 만고불변의 진리이고 약속이다.

이 복음은 "모든 믿는 자에게 구원을 주시는 하나님의 능력"이 된다. 구원은 사람의 노력과 의가 아닌 전적인 하나님의 은혜로 주어지는 것이다.

하나님의 대(大)사면!
죄사함과 구원은 우리의 행위로 주어지는 것이 결코 아니다.

하나님의 구원은 선물은 누구에게 주어지는가?
빈부귀천, 동서고금, 남녀노소에 제한이 없다. 모든 믿는 자에게 주시는 '하나님의 의'가 된다.

> 곧 예수 그리스도를 믿음으로 말미암아 모든 믿는 자에게 미치는 하나님의 의니 차별이 없느니라(롬 3:22).

이 기회는 천인 공노하는 강도에게도 주어진다. 예수님의 십자가 옆에 못 박혔던 강도는 숨을 거두기 직전에 죄 없이 십자가에 못 박히신 예수님을 믿음의 눈으로 바라보았다. 예수님이 죄가 없으신 하나님의 아들임을 알았을 때 십자가 우편 강도는 지체하지 않고 예수님께 간청한다.

나는 내 죄로 인해 십자가에 달려 죽게 되었지만 나와 함께 십자가에 못 박히신 당신은 죄가 없으신 하나님의 아들이라고 고백했다. 그러면서 이렇게 말했다.

> 이르되 예수여 당신의 나라에 임하실 때에 나를 기억하소서 하니 (눅 23:42).

"예수여!
하나님 나라에 임하실 때 나를 기억하소서."

그리고 마침내 그는 최후의 순간에 낙원을 허락받았다.

저가 회개하고 십자가에 못 박히신 예수님을 영접했을 때 구원을 선물로 받은 것이다.

예수께서 이르시되 내가 진실로 네게 이르노니 오늘 네가 나와 함께 낙원에 있으리라 하시니라(눅 23:43).

이 의는 믿음으로 말미암는 의다. 행위로서가 아니다.

그 자식들이 아직 나지도 아니하고 무슨 선이나 악을 행하지 아니한 때에 택하심을 따라 되는 하나님의 뜻이 행위로 말미암지 않고 오직 부르시는 이로 말미암아 서게 하려 하사(롬 9:11).

일주일에 두 번씩 금식하고 소득의 십일조를 내고 율법을 힘써 지켜 행하려 하던 바리새인은 자격 미달로 구원의 길에 이를 수 없었다. 그들은 자기들의 의로 천국에 입성하고자 했으나 구원에 이르지 못하고 저주의 자식들이 되고 말았다.

주일을 한 번도 거르지 않고 예배를 드릴 수 있다. 십일조를 거르지 않고 드리고 열심을 다해 수고하고 봉사하며 헌신했을 수 있다. 가난한 자들을 구제하고 선교사로 지원하여 나갈 수도 있다. 그러나 이런 이력으로 구원을 받는 것이 아니다.

나더러 주여 주여 하는 자마다 다 천국에 들어갈 것이 아니요 다만 하늘에 계신 내 아버지의 뜻대로 행하는 자라야 들어가리라 그 날에 많은 사람이 나더러 이르되 주여 주여 우리가 주의 이름으로 선지자 노릇 하며 주의 이름으로 귀신을 쫓아 내며 주의 이름으로 많은 권능을 행하지 아니하였나이까 하리니 그 때에 내가 그들에게 밝히 말하되 내가 너희를 도무지 알지 못하니 불법을 행하는 자들아 내게서 떠나가라 하리라 (마 7:21-23).

주의 이름으로 귀신을 쫓고 주의 이름으로 선지자 노릇을 하고 행위와 지위를 내세우며 구원을 확신하는 경우가 있을 수 있다. 그러나 하나님은 "주여! 주여! 하는 자마다 천국에 들어갈 것이 아니다"라고 하셨다.

구원은 확신으로 받는 것이 아니고 믿음으로 받는 것이다.
행위나 지위가 아닌 오직 예수 그리스도를 믿는 믿음으로 받게 되는 것이다. 구원은 오직 하나님의 독생자 예수 그리스도를 믿는 믿음으로 가능하다. 나머지의 것들은 믿음 이후의 과정이 되어야 한다.

오직 의인은 믿음으로 말미암아 살리라 (롬 1:17하).

무엇을 믿어야 하는가?
교회에 사람이 많이 모이고 찬양이 뜨겁고 무언가 역사가 뜨겁게 일어나도 그것이 나의 개인적인 신앙인가 점검해 보아야 한다. 예수님을 나의 구세주로, 인격적으로 믿는 믿음이 필요하다. 하나님께서 인정하는 믿음, 예수님을 믿는 믿음이 필요한 것이다.

그런데 정작 예수 그리스도에 대해 잘 알지 못하고 신앙생활에만 충실한 경우도 있을 수 있다. 그러므로 고린도후서에서는 믿음에 서 있는가 자신을 점검하라고 말씀하고 있다.

> 너희는 믿음 안에 있는가 너희 자신을 시험하고 너희 자신을 확증하라 예수 그리스도께서 너희 안에 계신 줄을 너희가 스스로 알지 못하느냐 그렇지 않으면 너희는 버림 받은 자니라(고후 13:5).

대학 시절 나는 친구의 소개로 대학생 선교 단체에서 처음으로 성경 공부를 접하고 인생의 목적을 찾았다. 복음 전도와 세계 선교의 비전을 들으면 가슴이 뛰고 살맛이 났다. 틈만 나면 캠퍼스를 다니면서 전도했다. 하나님께 십일조와 헌금도 아낌없이 드렸고 주일에는 예배도 빠지지 않았다.

하지만 아이러니하게도 나는 예수님을 잘 몰랐다. 그러나 하나님께서는 이런 나를 오랫동안 기다려 주셨고 은혜를 부어 주셨다. 또한, 예수님의 대속의 죽음과 부활에 대해, 성령의 역사에 대해 차근차근 알려 주셨고 믿어지게 하셨다.

이처럼 예수님께서는 "마지막 때에 인자가 믿음을 보겠느냐" 하시며 우리의 믿음을 요구하고 계신다.

> 그러나 인자가 올 때에 세상에서 믿음을 보겠느냐 하시니라(눅 18:8).

구원을 얻기 위한 오직 한 길, 예수 그리스도를 믿음으로 구원을 얻는다.

최후 심판의 날을 기억하며 두렵고 떨리는 마음으로 마지막 때를 바라볼 때 에녹은 얼마나 간절하게 사모하며 하나님께 열심 있게 되었을까?

홍수가 범람하여 온 세상이 수몰되는 순간 죽음과 함께 하나님의 심판대 앞에 서야 할 자신의 실존을 깨달은 에녹의 근심이야말로 가장 위대한 자기 발견이고 위대한 근심이 아닐 수 없다.

고린도후서 7:10-11에는 하나님의 뜻대로 하는 근심에 대해 이렇게 이야기하고 있다.

> 하나님의 뜻대로 하는 근심은 후회할 것이 없는 구원에 이르게 하는 회개를 이루는 것이요 세상 근심은 사망을 이루는 것이니라 보라 하나님의 뜻대로 하게 된 이 근심이 너희로 얼마나 간절하게 하며 얼마나 변증하게 하며 얼마나 분하게 하며 얼마나 두렵게 하며 얼마나 사모하게 하며 얼마나 열심 있게 하며 얼마나 벌하게 하였는가 너희가 그 일에 대하여 일체 너희 자신의 깨끗함을 나타내었느니라(고후 7:10-11).

사망을 이루는 세상 근심과는 달리 하나님의 뜻대로 하는 근심은 구원에 이르게 하는 회개를 이룬다.

심판의 말씀 앞에 근심에 휩싸인 에녹은 므두셀라가 태어난 후 300년 동안 하나님과 동행하게 된다. 에녹은 견고한 망대가 되신 하나님께로 달려가 그의 영원하신 사랑의 품 안에 안전함을 구하게 된다.

> 여호와의 이름은 견고한 망대라 의인은 그리로 달려가서 안전함을 얻느니라(잠 18:10).

견고한 망대가 되신 여호와 하나님께 달려가서 안전함을 얻는 삶의 결과는 어떠한가?
이에 대해 예레미야 선지자를 통하여 이렇게 말씀하셨다.

> 그러므로 너를 먹는 모든 자는 잡아먹힐 것이며 네 모든 대적은 사로잡혀 갈 것이고 너에게서 탈취해 간 자는 탈취를 당할 것이며 너에게서 노략질한 모든 자는 노략물이 되리라 여호와의 말씀이니라 그들이 쫓겨난 자라 하매 시온을 찾는 자가 없은즉 내가 너의 상처로부터 새 살이 돋아나게 하여 너를 고쳐 주리라(렘 30:16-17).

상처가 회복되고 연약함이 극복되는 삶, 실패가 만회되고 승리하는 삶이 전능자, 지존자로부터 펼쳐지는 것이다. 노략질을 당해도 구원해 줄 자 없고, 탈취를 당해도 되돌려 내라고 대변해 줄 보호자가 없던 고아와 같은 백성이 전능자의 손을 힘입어 심판에서 건짐 받는 삶이 시작된 것이다.

　이렇게 하나님과 동행하는 삶은 내 힘만으로는 안 된다는 것을 깨닫고, 광대하신 전능자 하나님 앞에서 티끌과 같은 자신의 존재를 아는 것에서 시작된다.

　내 힘만으로 대적을 이길 수 없고, 가족과 소유를 지킬 수 없고, 나 자신조차도 지키고 세울 수 없다는 자각에서 출발한다.

　집을 세우시고 성을 지켜 주시는 하나님!
　졸지도 주무시지도 않고 눈동자처럼 지켜 주시는 하나님을 의지하는 삶이 므두셀라가 태어나면서 에녹에게 시작된 것이다. 하나님께서는 므두셀라를 통해 심판과 종말의 때를 일깨워 주셨고, 심판과 형벌과 저주의 자리에서 일어나 구원과 영생을 취하라는 복음의 메시지를 들려주셨다. 에녹은 므두셀라를 낳은 육십오 세 되던 해 비로소 죄로 인해 멸망 당할 자신의 실존을 깨닫고 죄에서 돌이킨다.

　그리고 하나님을 향해 믿음의 발걸음을 내딛기 시작한다.

　　에녹이 하나님과 동행하더니(창 5:24상).

　에녹은 므두셀라의 탄생 시점부터 하나님과 함께 이 땅을 거닐었고 마침내 최후의 순간 죽음을 맛보지 않고 하늘로 들림을 받게 된다.

> 믿음으로 에녹은 죽음을 보지 않고 옮겨졌으니 하나님이 그를 옮기심으로 다시 보이지 아니하였느니라(히 11:5상).

이 말씀은 죄와 사망의 그늘에 앉은 자들에게 얼마나 희망찬 외침인가?

그렇다면 마지막 시대, 종말의 때를 살아가고 있는 우리는 어떤 선택을 하고 있는가?

가인의 후손들과 같이 안전을 위한 성을 쌓고 즐거움을 위한 엔터테인먼트(Entertainment, 오락)를 선택하고 있지는 않은가?

돈과 힘의 원리에 따르는 삶을 살아가고 있지는 않은가?

노아 시대의 사람들이 왜 방주의 문이 닫히고 홍수가 나서 침몰하기까지 먹고 마시고 시집가고 장가 가고 그들이 추구하는 일상의 즐거움들을 놓지 못하고 하늘이 주신 구원의 기회를 놓쳐 버렸을까?

가인의 후손들이 쌓은 성은 그들에게 홍수심판 앞에서 안전과 생명을 보장해 주지 못했다.

이 세대를 살아가고 있는 우리도 하나님께서 계시해 주시고 경고해 주신 마지막 시대의 징조들을 기억해야 한다. 그리고 매 순간 한 걸음 한 걸음 하나님과 동행하는 삶을 선택해야 할 것이다. 최후 심판의 날, 예수님의 재림 나팔 소리가 울려 퍼지게 될 때 이미 죽은 자들은 무덤 가운데서 일어나 신령한 몸을 입고 들림을 받게 될 것이다. 아직 살아 있는 자들은 에녹처럼 하늘로 들림을 받게 될 것이다.

하나님과 동행했던 에녹과 같이 하나님의 아들 예수님을 구원의 주로 믿는 자들은 예수님의 재림 때에 '죽음을 맛보지 않고' 들림을 받게 될 것이다.

> 예수께서 이르시되 나는 부활이요 생명이니 나를 믿는 자는 죽어도 살겠고 무릇 살아서 나를 믿는 자는 영원히 죽지 아니하리니 이것을 네가 믿느냐(요 11:25-26).

그러므로 종말이 온다!

'최후 심판이 온다'는 말씀은 예수님을 믿는 자들에게는 두려워하여 숨게 하는 소식이 아니고 가장 영광스럽고 희망찬 구원의 소식이 되는 것이다.

우리의 몸은 언젠간 쇠하고 병들고 죽게 될 것이나 썩지 않을 몸으로 영광스러운 몸으로 신령한 영의 몸으로 변화되어 영원히 살 길을 열어 주셨다.

> 죽은 자의 부활도 그와 같으니 썩을 것으로 심고 썩지 아니할 것으로 다시 살아나며 욕된 것으로 심고 영광스러운 것으로 다시 살아나며 약한 것으로 심고 강한 것으로 다시 살아나며 육의 몸으로 심고 신령한 몸으로 다시 살아나나니 육의 몸이 있은즉 또 영의 몸도

있느니라(고전 15:42-44).

'므두셀라'는 죄에 대한 심판에 대해 피할 수 없는 인간의 실존과 세상의 종말의 때를 생각하게 만드는 이름이다.

하나님께서는 에녹의 후손 므두셀라를 통해 장래의 일을 밝히 말씀해 주셨다. 노아에게 홍수심판에서 건짐받을 수 있도록 방주의 설계도를 알려 주셨다.

우리에게는 구약과 신약성경을 통해 장래의 일과 구원의 계획을 계시해 주셨다. 그 길이 우리 앞에 놓여 있다. 지금 이 시대에도 므두셀라의 외침은 계속되고 있다.

므두셀라, 그가 죽으면 종말이 온다.

대(大)홍수심판이 임하기 직전 방주의 문이 닫힌 것처럼, 종말의 때, 최후 심판의 때가 역사 앞에 펼쳐지면 하나님께서 세상 만민에게 열어 두셨던 구원의 문도 영원히 닫히게 될 것이다. 한 번 닫힌 구원의 문은 결단코 다시 열리지 않을 것이다. 그러나 아직은 그 문이 우리 앞에 활짝 열려 있다.

사랑하는 자여!
이 땅에 므두셀라의 외침들이 살아 있는 동안 그 음성에 귀를 기울이자!

그리고 구원의 길 되신 예수 그리스도께 나아가자!
구원의 문이 닫히기 전에 연약한 무릎을 일으켜 세워 구원의 문 되신 예수 그리스도께로 달려 나가자!
죄악의 자리에서, 멸망의 자리에서 돌이켜 완전한 길로, 구원의 길로, 영생의 길로 발걸음을 옮기자!

하나님과 동행하여 죽음을 맛보지 아니한 에녹과 같이…

제8장

구별됨

(자유와 생명의 길)

 하나님의 말씀이 임하면 혼돈과 흑암에서 빛으로, 공허에서 충만으로 거룩하게 구별되고 질서가 생기게 된다. 하나님은 거룩하게 구별되는 하나님이시다. 죄와 구별되고, 유한함과 구별되고, 피조물과 구별되는 분이시다.

 창세기 1장에는 "나뉘라 하시고", "나뉘게 하시니"라는 말씀이 반복해서 나온다. '나뉜다'는 것은 구별되는 것을 의미한다. 하나님의 말씀이 선포되고 임할수록 물과 물이 나뉘고, 땅과 바다가 나뉘고, 빛과 어둠이 나뉘게 된다. 하나님께서는 낮과 밤을 나누셨고, 안식일을 명하여 시간을 구별하셨다.

 애굽 땅과 고센 땅을 구별하셨고, 여로보암의 길[1]과 다윗의 길이 나뉘며, 복있는 자의 자리와 악인의 자리를 구별하셨다.

---

1 솔로몬의 아들 르호보암왕의 과도한 세금 징수와 노역에 반기를 들고 세워진 북이스라엘의 여로보암왕은 백성들이 예루살렘 성전이 있는 남유다로 내려가는 것을 막기 위해 벧엘과 단에 금송아지 제단을 만들고 레위 자

또한, 축복과 저주의 길을 나누셨다.

> 내가 오늘 복과 저주를 너희 앞에 두나니 (신 11:26).

마지막 때가 다가올수록 양과 염소가 나뉘게 되고, 알곡과 쭉정이의 구별이 명확해질 것이다.

우리에게 하나님의 말씀이 임하고 창조주 하나님을 만나게 되면 나뉘고 구별되는 삶을 살게 된다. 세상으로부터 구별되고, 죄로부터, 저주와 심판으로부터 구별되는 삶을 살게 된다.

하나님은 사람을 지으시기 전에 물과 물을 나누셨고, 궁창 위의 물과 궁창 아래의 물을 나누어 완전한 보호막을 만들어 주셨다. 물이 한 곳으로 모여 땅과 바다를 나뉘게 하셨다.

> 하나님이 이르시되 천하의 물이 한 곳으로 모이고 뭍이 드러나라 하시니 그대로 되니라 하나님이 뭍을 땅이라 부르시고 모인 물을 바다라 부르시니 하나님이 보시기에 좋았더라 (창 1:9-10).

21세기는 융합의 시대이고 경계가 허물어져 가는 시대이다. 그러나 허물어지면 안 되는 경계가 있다.

손이 아닌 일반 백성들 가운데서 제사장을 임명하였으며 제사의 절기도 임의로 바꾸었다. 이러한 우상숭배와 예배의 타락으로 인해 북이스라엘이 멸망하는 계기가 되었다(왕상 12:27-32).

궁창 위의 물과 궁창 아래의 물이 나뉘지 않는 것이 곧 심판이다. 물이 한 곳으로 모여 물과 땅이 나뉘지 않는 것이 홍수이고 쓰나미이다.

하나님의 아들들과 사람의 딸들이 구별되고, 시온의 딸들은 가나안 여자들과 구별되어야 한다. 그런데 하나님의 아들들과 사람의 딸들이 구별이 안 되고, 육체의 욕망을 따라 살아갈 때 하나님께서 사람 지으셨음을 한탄하는 지경에 이르게 되고 결국에는 홍수심판이 오게 된다.

> 하나님의 아들들이 사람의 딸들의 아름다움을 보고 자기들이 좋아하는 모든 여자를 아내로 삼는지라(창 6:2).

시온의 딸들이 가나안 여자들과 구별이 안 되고, 시온의 아들들이 독주에 취해 방탕하게 될 때 결국에는 바벨론의 포로가 되어 심판을 피할 수 없게 된다. 하나님의 성전이 거룩하게 구별되지 않고 멸망의 가증한 것들이 그곳에 서게 될 때 심판이 임하게 된다.

하나님은 우리에게 풍성한 생명과 자유를 누리게 해주시려고 창조 질서를 세워 주셨다. 아무리 맛있고 좋은 음식이라도 식도를 벗어나 기도로 넘어가면 질식(asphyxia)으로 죽게 되어 있다. 혈액은 혈관 안에 있어야 생명이 유지된다.

하나님이 나누신 것을 합치는 것이 죄이고, 하나님이 합치신 것을 나누는 것이 곧 죄악이다. 하나님의 창조 질서에서 벗어나면 운이 나빠서 죽는 것이 아니고 반드시 죽는 것이다. 내가 살아가는 방식이 전혀 세상과 나눠지지 않고, 믿지 않는 사람들과 구별됨이 전혀 없다면 회개하고 돌이켜야 한다.

물과 물을 나누고 땅과 바다를 나누신 것처럼 "우리를 구별시켜 달라"고 기도해야 한다. 하나님은 우리의 안전과 생명을 유지하고 붙들고 계신 분이시다.

시편 127:1에는 이렇게 말씀하고 있다.

> 여호와께서 집을 세우지 아니하시면 세우는 자의 수고가 헛되며 여호와께서 성을 지키지 아니하시면 파수꾼의 깨어 있음이 헛되도다(시 127:1).

하나님이 궁창 아래의 물과 궁창 위의 물을 붙잡아 주지 않는다면 우리의 생명과 안전은 유지될 수 없는 것이다. 그러나 거대한 물 폭탄이 하늘 위에 있어도 하나님이 붙들어 주시면 우리는 안전하다. 하나님이 보장해 주시는 안전과 보호는 영원하고 완전한 것이다. 이처럼 우리의 안전과 생명은 전적으로 전능하신 하나님께 달려 있다. 인생의 생사화복과 흥망성쇠를 주관하시는 분은 생명의 주인이신 하나님, 창조주 하나님 한 분뿐이시다.

이 하나님은 지금도 살아계셔서 생명을 위협하는 수많은 유해 광선으로부터, 궁창 위의 물로부터 우리를 보호해 주고 계신다. 낮의 해와 밤의 달이 우리를 상하지 않도록 지켜 주고 계신다. 그의 날개 아래 피한 자들을 눈동자처럼 지켜 주신다.

> 나를 눈동자 같이 지키시고 주의 날개 그늘 아래에 감추사 (시 17:8).

사람이 의식을 잃고 쓰러져도 눈동자는 최후의 순간까지 자극에 반응한다. 살아계신 하나님께서는 이처럼 우리를 눈동자처럼 지켜 주시겠다고 약속하셨다.

그런데 하나님의 안전한 보호막 안에 거하는 방법은 '구별'되는 것이다. 죄악의 길에서 돌이켜 전능자 하나님의 날개 아래 피하는 자는 오늘도 안전하게 보호받게 될 것이다.

제9장

회개
(합당한 열매)

동남아의 '브루나이공화국'은 이슬람 국가로서 샤리아 형법을 적용하여 도둑질 등 특정 범죄에 대해 손목과 발목을 절단하는 엄격한 신체형을 적용하고 있다고 한다. 이처럼 잔인한 형벌을 법률로 제정하는 것은 그 자체로 간담이 서늘한 일이다.

그러나 죄는 손목과 발목을 절단하는 형벌 이상으로 무서운 것임에 경각심을 가져야 한다.

죄는 하나님이 하라고 하는 것을 하지 않고, 하나님의 하지 말라고 하는 것을 행하는 것을 말한다. 하나님 말씀에 불순종하는 것이 죄이다. 이러한 죄의 결과는 "반드시 죽으리라"이다.

> 선악을 알게 하는 나무의 열매는 먹지 말라 네가 먹는 날에는 반드시 죽으리라 하시니라(창 2:17).

반드시 죽으리라!

이것이 재판장이신 하나님의 선고이다. 여기서 죄가 요구하는 것은 생명이다. 손목을 자르고 발목을 자르는 정도가 아니다. 죄는 손이나 발을 찍어내거나 범죄케 한 눈을 빼버리는 것으로 해결되지 않는다. 죄를 지으면 생명을 내놓아야 한다.

우리는 가벼운 거짓말이나 법을 지키지 않는 것 정도는 죄로 여기지 않는다. 하지만 죄는 큰 죄, 작은 죄가 따로 있는 것이 아니다. 우리는 죄를 많이 지어야 지옥에 가는 줄 아는 데, 죄는 아주 작은 죄라도, 단 한 번뿐이어도, 그 죄 때문에 영생을 내어 주고 지옥의 형벌을 받아야 한다.

그런데 최근에 사람들의 생각을 보면 죄를 죄로 여기지 않는다. 도둑질을 도둑질로 여기지 않고 영리한 투자 정도로 생각한다. 간통죄는 폐지되어 법정에서 죄를 묻기가 어려워졌으며, '사랑에 빠진 것이 죄는 아니지 않느냐'고 항변한다.

그러나 전도서 11:9에는 청년의 때에 육신의 정욕대로 마음껏 죄를 지을 수는 있으나 지은 죄에 대해 반드시 심판도 따르게 될 이라고 경고하고 있다.

> 청년이여 네 어린 때를 즐거워하며 네 청년의 날들을 마음에 기뻐하여 마음에 원하는 길들과 네 눈이 보는 대로 행하라 그러나 하나님이 이 모든 일로 말미암아 너를 심판하실 줄 알라(전 11:9).

유다서 1:15에서도 죄에 대한 심판을 이렇게 말하고 있다.

> 이는 뭇 사람을 심판하사 모든 경건하지 않은 자가 경건하지 않게 행한 모든 경건하지 않은 일과 또 경건하지 않은 죄인들이 주를 거슬러 한 모든 완악한 말로 말미암아 그들을 정죄하려 하심이라 하였느니라 (유 1:15).

이처럼 경건치 않은 자의 말과 경건치 않은 자의 행동, 정욕대로 행하는 자를 심판하실 것을 분명히 밝히고 있는 것이다.

또한, 하나님 말씀은 백 가지를 지켜도 한 가지를 어기면 죄가 된다.

> 누구든지 온 율법을 지키다가 그 하나를 범하면 모두 범한 자가 되나니 간음하지 말라 하신 이가 또한 살인하지 말라 하셨은즉 네가 비록 간음하지 아니하여도 살인하면 율법을 범한 자가 되느니라 (약 2: 10-11).

예수님은 행위뿐 아니라 마음으로 생각만 해도, 형제를 미워해도 살인이라고 말씀하셨다.

> 나는 너희에게 이르노니 형제에게 노하는 자마다 심판을 받게 되고 형제를 대하여 라가라 하는 자는 공회에 잡혀가게 되고 미련한 놈이라 하는 자는 지옥 불에 들어가게 되리라 (마 5:22).

이처럼 형제를 향하여 "라가(바보)라 하는 자는 지옥 불에 던져질 것이다"라고 말씀하고 있다. 여자를 보고 음욕을 품는 자는 이미 간음을 한 것이다.

죄의 기준은 관습이나 세상의 법이 아니고 하나님의 법, 하나님의 말씀을 기준으로 판단해야 한다. 마지막 때, 마귀는 불법을 합법화시키는 법 제정을 통해 마음껏 죄를 짓도록 역사한다. 우리나라에서는 간음죄가 폐지되었고, 이제는 차별금지법과 낙태법 통과를 위한 목소리가 높아지고 있다. 이 법이 통과되면 하나님이 '죄'라고 분명히 말씀하신 동성애, 태아살인을 죄라고 표현하기 어렵게 될 것이다.

마지막 때가 될수록 마귀가 전쟁을 부추기는 것이 이상한 일이 아닌 것은 전쟁은 각종 폭력과 학살을 정당화시킨다. 그러나 의로우신 재판장이신 하나님은 죄에 대해 결코 타협이 없다.

하나님이 '죄'라고 하면 죄인 것이다.

세상이 변하고 천지가 개벽해도 하나님께서 죄라고 말씀하신 것이 죄가 아닌 것이 될 수는 없다.

하나님께서는 악을 선하다 하며, 선을 악하다 하는 자들, 굽은 것을 곧다 하고 곧은 것을 굽었다 하는 자들은 화가 있을 것이라고 말씀하고 있다.

> 악을 선하다 하며 선을 악하다 하며 흑암으로 광명을 삼으며 광명으로 흑암을 삼으며 쓴 것으로 단 것을 삼으며 단 것으로 쓴 것을 삼는 자들은 화 있을진저(사 5:20).

죄는 인류에게 종말을 고하고 결국에는 지옥까지 끌고 간다. 죄의 형벌은 죽음으로 끝나는 것이 아니라 불과 유황으로 타는 지옥 불못에서 영원토록 고통받으며 죄값을 치러야 한다. 지옥의 형벌에는 결코 사면이나 감형이 없다. 그러기에 죽음보다 더 두려운 것은 없다.

그러나 죄의 문제는 인간의 그 어떤 노력으로도 해결할 수 없다. 구약시대 이스라엘 민족은 자신의 죄를 대신하여 짐승의 피를 희생 제물로 바쳤다. 하지만 그것으로 죄 문제를 완전히 해결할 수가 없다. 죄는 죽음만 가져오는 것이 아니라 죽는 과정에서도 고통을 준다.

> 피조물이 다 이제까지 함께 탄식하며 함께 고통을 겪고 있는 것을 우리가 아느니라(롬 8:22).

죄로 인해 사람뿐만 아니라 피조물도 함께 고통한다.

캘리포니아와 지구의 허파인 아마존에도 큰 산불이 나서 동물들이 불구덩이 속에서 죽어가고 수많은 이재민이 생겨났다. 최근에는 칠십팔 억 마리 이상의 벌들이 지구 온난화로 인해 폐사

했다. 만물의 마지막이 가까울수록 죄로 인한 고통이 극에 달하는 시대가 펼쳐지게 될 것이다.

> 너는 이것을 알라 말세에 고통하는 때가 이르러(딤후 3:1).

말세에는 죄가 세상에 가득하여 고통 하는 때가 올 것이다. 모든 사람이 죽음을 무서워하고 두려워 떠는 이유는 죽음 이후에 영원한 형벌이 이어지기 때문이다. 죽음과 함께 죄는 끝나지만 죄에 대한 형벌은 영원히 이어진다.

그러기에 죄는 버려야 한다. 그러나 그런다고 우리가 의인이 되는 것은 결코 아니다. 죄는 그 대가로 반드시 생명을 내어놓아야 한다. 피를 흘리고 죽음으로 그 대가를 지불해야 한다.

> 피흘림이 없은즉 사함이 없느니라(히 9:22하).

그러나 죄인이 피를 흘리고 죽는다고 죄 문제가 해결되는 것이 아니다. 그 어떤 것으로도 죄 문제를 해결할 능력이 없는 인간을 위해 하나님께서 직접 나서신다. 그리고 그 길을 열어 주셨다.

> 그 아들 예수의 피가 우리를 모든 죄에서 깨끗하게 하실 것이요 (요일 1:7하).

영원까지 이어지는 죄에 대한 형벌을 면하게 해 줄 이는 오직 예수 뿐이다.

오직 예수님의 피!
흠 없는 어린양의 피!
거룩하신 하나님의 아들의 피!

죄가 없으신 예수님의 피밖에 없다.
그러나 이 피를 수혈받기 위해서는 우리가 죄인임을 알고 이 길에서 돌이켜 회개해야 한다. 회개 없는 죄 용서는 없다.

> 그러므로 너희가 회개하고 돌이켜 너희 죄 없이 함을 받으라 이같이 하면 새롭게 되는 날이 주 앞으로부터 이를 것이요(행 3:19).

죄는 회개하고 돌이킬 때 용서를 받을 수 있다.

> 만일 네 오른 눈이 너로 실족하게 하거든 빼어 내버리라 네 백체 중 하나가 없어지고 온 몸이 지옥에 던져지지 않는 것이 유익하며 또한 만일 네 오른손이 너로 실족하게 하거든 찍어 내버리라 네 백체 중 하나가 없어지고 온 몸이 지옥에 던져지지 않는 것이 유익하니라 (마 5:29-30).

회개란 죄에서 돌이키고 하나님께 나가는 것을 말한다.

느낌으로 뉘우치고 후회하는 것이 아니고, 회개에 합당한 열매를 맺는 것이다. 우리는 '가벼운 죄니까, 나만 짓는 거 아니니까' 하면서 합리화 시키지 말아야 한다. 죄는 변명하고 합리화하고 법정에서 죄가 아니라고 판결해서 해결되는 것이 아니다.

어떤 죄든, 죄를 지은 자는 생명을 내놓아야 한다.
사람 앞에서 나는 비교적 의로운 자인가?
아니다.
하나님 앞에서 비추어 죄가 없어야 한다.

> 믿음을 따라 하지 아니하는 것은 다 죄니라(롬 14:23하).

> 나는 너희를 위하여 기도하기를 쉬는 죄를 여호와 앞에 결단코 범하지 아니하고 선하고 의로운 길을 너희에게 가르칠 것인즉 (삼상 12:23).

기도를 쉬는 것도 죄라고 했다. 하나님을 믿는다고 하면서 죄 짓기를 아무렇지도 않게 생각한 것, 하나님을 알되 하나님께 감사치도 않고, 영화롭게도 하지 않은 죄를 회개해야만 한다.

죄는 반드시 하나님 앞에서 회개해야 용서받을 수 있다. 회개는 잘못을 뉘우치고 고백하는 데서 그치지 않고 열매를 맺기까지의 싸움이 필요하다.

> 그러므로 회개에 합당한 열매를 맺고(마 3:8).

죄에는 순간적인 달콤함이 있고 안락함이 있다. 그러나 죄는 돈을 갚지 못하면 장기를 떼어 가고 가족을 인질로 삼아 협박하는 악덕 고리대금업자보다 더 무서운 것이다. 죄가 주는 즐거움은 마약보다 더 무섭게 우리를 파괴해 올 것이다. 아무리 사소한 죄일지라도 그 삯을 요구할 때는 무자비하고 맹렬하게 달려들어 대가를 요구할 것이다.

그러나 내 힘으로 갚을 수 없는 죄의 대가를 지급해 주시기 위해 나 대신 목숨을 내어주신 분이 예수님이시다.

회개하기 전까지는 예수님이 십자가에서 나 대신 흘린 보혈의 피는 나와 무관한 것이다. 회개하지 않은 죄, 가볍게 여긴 죄, 알면서도 무시한 죄, 말씀을 듣고서도 회개치 않은 죄가 있다면 아직 늦지 않았다.

회개의 기회가 우리 앞에 놓여 있다. 호흡이 있는 지금이 바로 하나님 앞에 회개할 기회의 시간이다. 회개는 예배 시간에 결심하고 끝나는 게 아니고 집에 가서, 학교에 가서, 우리의 생활 속에서 열매 맺기까지 이어가야 한다. 진정으로 회개의 삶을 살면 우리에게 구원자가 절실히 필요하고, 성령님의 도우심이 없이는 잠시도 호흡할 수 없는 자신임을 깨닫게 될 것이다.

그러므로 오늘도 연약한 무릎을 하나님 앞에 꿇어야만 할 것이다. 회개에 합당한 열매를 맺지 않으면 도끼가 나무뿌리에 놓인 것처럼 찍혀 불에 던져지리라 말씀하신다.

> 이미 도끼가 나무 뿌리에 놓였으니 좋은 열매를 맺지 아니하는 나무마다 찍혀 불에 던져지리라(마 3:10).

사람 앞에서도 행치 않는 은밀한 죄악들을 하나님 앞에서 담대히 행한 것에 대해 회개해야 한다. 죄의 삯은 사망이다. 이 사망 뒤에는 불과 유황으로 타는 못에서 영원히 받을 심판이 기다리고 있다. 그런데도 죄에 대한 경각심이 없다.

그러나 성령이 임하시면 가장 먼저 죄를 깨닫게 하신다. 성령이 내가 뒤집어쓰고 사는 죄를 깨닫게 해주시기를, 그리고 죄에서 돌이킬 힘을 주시기를 기도해야 한다.

우리가 일주일 동안 생활했던 패턴을 되돌아본다면 하나님을 믿지 않는 사람들과 나의 삶은 무엇이 달랐을까?

하나님의 말씀이 죄라고 가르치고 있고, 우리의 양심이 소리를 내는데도 죄를 가볍게 여긴 죄를 회개해야 한다. 죄에 대해 깨닫기만 하고 결단과 실천이 없었다면 돌이켜 회개해야 한다.

회개할 힘이 없이 죄로 인해 망가진 우리의 양심을 성령님께서 만져주시고 회복시켜 주시도록 간절히 구해야만 한다.

그렇게 열심을 다해 율법을 지키고 기도와 금식에 힘쓰며 소득의 십일조를 철저히 드렸던 바리새인들이 예수님께 책망받고 심판을 피할 수 없었던 이유는 다른 사람들보다 죄가 많아서가 아니라 자신들이 죄인임을 깨닫지 못했기 때문이다. 그들의 삶 속에 회개가 빠져 있었기 때문이다. 세리와 창기들은 가슴을 치며 감히 하늘을 보지 못하고 죄를 애통해 했는데 바리새인들은 회개의 과정이 없었다.

우리도 특히 회개의 과정 없이 찬양하고 회개 없이 말씀의 지식이 쌓여간다면 돌이켜 회개해야 한다. 구원과 용서는 죄에서 돌이켜 회개함으로 주어지는 선물이다.

용서의 전제 조건은 회개이다. 회개가 선행되어야 용서가 있다.

> 너희는 스스로 조심하라 만일 네 형제가 죄를 범하거든 경고하고 회개하거든 용서하라(눅 17:3).

회개해야 할 때 교회를 옮기는 사람들이 있을 수 있다. 그러나 죄는 반드시 회개하고 돌이켜야 한다. 사람을 바꾸고 환경을 새롭게 해서 해결될 문제가 아니다.

교회 생활이나 가정생활 중 감정을 거스르는 문제들이 있는가? 자꾸만 나를 넘어뜨리는 걸림돌이 있는가?
사람에게서 조직에서 문제를 찾기 전에 하나님 앞에서 자신을 점검해 보라!

그리고 성령께서 나를 조명하고 비춰주시도록 구해야 한다. 빛 가운데 드러나는 나의 죄악들을 낱낱이 하나님께 고하고 회개해야 한다. 우리가 우리 죄를 자백하고 회개할 때 신실하고 의로운 재판장이신 하나님께서는 우리를 모든 죄와 불의에서 깨끗하게 하실 것이다.

> 만일 우리가 우리 죄를 자백하면 그는 미쁘시고 의로우사 우리 죄를 사하시며 우리를 모든 불의에서 깨끗하게 하실 것이요(요일 1:9).

바리새인과 서기관들과 같이 자기 의로 인해 회개치 못하는 사람들이 있는가 하면 죄책감이 심하여 하나님께 용서를 구하지 못하는 사람들도 있다. 은 삼십 냥에 예수님을 팔아넘긴 가룟 유다는 자신의 죄에 대해 깨닫고 엄청난 자책을 이기지 못하여 목매어 죽게 된다.

은 삼십 냥에 이렇게까지 자책하는 가룟 유다야말로 인간적으로 볼 때 얼마나 양심적인 사람으로 비치는가?

그러나 가룟 유다는 죄의 크기보다 회개의 기회를 저버렸기 때문에 멸망한 것이다.

우리도 가룟 유다처럼 은 삼십 냥과 같은 유익에 예수님을 나 몰라라 하는 경우가 없었겠는가?

죄의 크기만으로 볼 때 죄책감에서 벗어날 인생이 어디 있겠는가?

그러나 이런 자책을 내려놓고 하나님의 용서와 사랑으로 달려가는 것이 회개이다. 우리 스스로는 죄 문제를 해결해 낼 방법이 없기에 하나님께 항복하고 나가는 것이 회개이다.

아담의 원죄를 타고난 우리의 본성은 전적으로 부패하였기 때문에 자신에게서는 죄의 해결책을 찾을 수가 없다. 그러기에 하나님의 용서의 사랑에서 답을 찾을 수밖에 없는 것이다.

누가복음의 15장의 탕자는 아버지의 집을 떠나 허랑방탕한 삶을 살며 인생을 허비하였다. 아버지의 영향력에서 벗어나고자 먼 나라로 떠난 아들은 아버지의 유산을 다 탕진하고 빈털터리가 되었다. 그 나라에 흉년이 들어 일자리도 구할 수가 없게 되자 유대인이 부정한 짐승으로 여기는 돼지 치는 자로 전락하게 된다. 이 아들은 양식이 없어 돼지가 먹는 쥐엄 열매로 배를 채우며 굶주리게 된 후에야 아버지 집을 생각하며 탄식한다.

> 아버지 집에서는 품꾼들도 양식이 풍족한데 나는 여기서 주려 죽는구나!

탕자의 처지는 하나님 아버지의 품을 떠난 인생들의 실존을 잘 대변해주고 있다. 아버지와 '헤어질 결심'으로 한몫 챙겨 먼 나라로 떠났던 아들이, 굶주려 죽게 되자 죄에서 돌이키고 아버지 집으로 '돌아갈 결심'을 갖게 된다.

> 이에 스스로 돌이켜 이르되 내 아버지에게는 양식이 풍족한 품꾼이 얼마나 많은가 나는 여기서 주려 죽는구나 내가 일어나 아버지께 가서 이르기를 아버지 내가 하늘과 아버지께 죄를 지었사오니(눅 15:17-18).

> 나를 품꾼의 하나로 보소서 하리라 하고(눅 15:19하).

이 아들은 결심으로만 그치지 않고 일어나 발걸음을 옮긴다. 하늘과 아버지께 죄를 지은 자신의 처지를 인정하고 돼지우리를 박차고 나온다. 그리고 그는 허랑방탕의 자리, 굶주림의 자리, 절망과 무기력의 자리를 떨치고 일어나 아버지께로 나아간다.

> 이에 일어나서 아버지께로 돌아가니라(눅 15:20상).

일어나 아버지께로 돌아가는 것!

이것이 '회개'이다.

하나님께서는 이렇게 회개하고 돌이켜 아버지께로 나아오는 자를 품어 주시고 영접해 주신다. 죄에서 돌이켜 하나님께로 돌아간다면 사랑이 풍성하신 하나님께서 용서치 못할 죄악은 없다. 하나님의 자비로운 품에 품어 주지 못할 허물은 없다. 전능하신 하나님께서 만회해 주지 못할 실패는 없다.

아직도 거리가 먼데 아버지는 아들을 보고 측은히 여겨 달려간다. 그리고 아들의 목을 얼싸안고 입을 맞추신다.

> 아직도 거리가 먼데 아버지가 그를 보고 측은히 여겨 달려가 목을 안고 입을 맞추니(눅 15:20하).

아버지는 만신창이가 되어 돌아온 아들에게 과거를 묻지 않았다. 그저 제일 좋은 옷을 내어다가 입혔고 아들의 손에 가락지를 끼우고 발에 신을 신겨 주었다.

우리가 하나님께로 돌이킬 때, 모든 것을 허비했을지라도 허비한 것이 무엇인지, 어떤 잘못을 저질렀는지 따져 묻지 않으신다. 우리가 배반하여 떠났을 때도 그 사랑은 변치 않으신다. 우리가 넘어져도 그의 자비는 영원하시다.

그러므로 이제 일어나 악한 길에서 떠나 하늘 아버지께로 돌아서자!

불의한 생각을 버리고 하늘 아버지의 크고 넓으신 사랑의 품으로 달려 나가자!

스스로 돌이켜 하나님께로 나아가는 자를 그가 긍휼히 여기시고 널리 용서하실 것이다.

> 악인은 그의 길을, 불의한 자는 그의 생각을 버리고 여호와께로 돌아오라 그리하면 그가 긍휼히 여기시리라 우리 하나님께로 돌아오라 그가 너그럽게 용서하시리라(사 55:7).

제10장

므두셀라의 사명 1
(복음 전도)

　최후 심판과 구원에 관한 메시지를 그의 이름과 존재를 통해 드러내는 것이 '므두셀라의 사명'이다.
　므두셀라는 말씀의 가치가 땅에 떨어지고 자신들의 힘으로 성을 쌓고 먹고 마시고 시집 가고 장가 가며 육체가 되어 살아가는 인생들에게 하나님의 심판의 날을 각인시켜 주는 이름이다.

　므두셀라의 사명은 복음 전파의 사명이다.
　마가복음 1장을 보면, 예수님이 귀신 들린 자를 고치시고 베드로의 장모의 열병을 치료해 주자, 병자를 고치시고 귀신을 쫓는다는 소문이 온 동네에 퍼지게 되었다. 그래서 사람들은 밤늦게까지 예수님께 몰려와 은혜를 구했다. 수많은 사람이 다음 날 새벽에도 저마다의 문제를 안고 예수님께 몰려왔다.
　예수님의 제자들은 새벽예배를 인도해야 하는데 예수님이 보이질 않자 예수님을 찾아 나섰다. 마가복음 1:37에는 다급히 예수님을 찾아낸 제자들이 예수님을 재촉하는 모습이 나타나 있다.

<blockquote>모든 사람이 주를 찾나이다(막1:37하).</blockquote>

그런데 이 말을 들으신 예수님은 전혀 뜻밖의 말씀을 하신다.

<blockquote>이르시되 우리가 다른 가까운 마을들로 가자 거기서도 전도하리니 내가 이를 위하여 왔노라 하시고(막 1:38).</blockquote>

많은 무리가 갈급한 심령으로 새벽부터 와서 예수님을 찾고 있는데 예수님은 다른 마을로 가자고 하신다.

인근의 온 동네 사람들이 저녁예배뿐 아니라 새벽예배까지 찾아와서 "주여" 삼창을 부르며 예수님을 찾고 있다. 지금 전도하지 않아도 교회는 절로 부흥하고 있다.

그런데 38절에서 예수님은 여기서 부흥회를 인도하지 않고 제자들에게 다른 마을로 가자고 하시면서, 병을 고치고자 찾아온 사람들로부터 아침 일찍 떠나신다. 이처럼 예수님은 병고침을 받고 문제 해결을 받고자 온 이들의 절박한 요구에 발이 묶이지 않으신다.

그리고 예수님이 오신 목적을 분명히 말씀하고 있다.

> 다른 가까운 마을들로 가자 거기서도 전도하리니 내가 이를 위하여 왔노라 하시고(막 1:38하).

예수님은 수많은 병자의 병을 치료해 주셨지만 이것이 목적이 아니었다. 우리가 하나님 나라의 복음을 믿고 살면 병도 낫고 귀신도 떠나가고 부자도 되게 하신다. 지혜를 주셔서 공부도 잘하고 좋은 학교에도 갈 수 있다.

그러나 예수님의 목적은 우리가 그토록 바라고 원하는 것들이 아니다. 예수님께서는 자신이 오신 목적을 분명히 말씀하고 계신다.

> 다른 마을에 가서도 전도하리니 내가 이를 위해 왔노라!

병을 고쳐도 전도를 위해서!
문제가 해결되어도 전도를 위해서!
교회가 부흥되는 이유도 전도를 위해서!
경제적인 축복을 누리는 것도 전도를 위해서!

이것이 예수님이 이 땅에 오신 목적이라는 것이다.
예수님은 <SKY 캐슬>(JTBC 드라마, 2018년)의 '예서'를 서울대학교 의과대학에 보내려고 오신 분이 아니다. 아파트 평수를 늘려 주려고 오신 분도 아니다. 예수님께서 하늘 보좌를 버리시고 이 땅에 오신 목적은 죄로 죽어가는 영혼들에 구원의 길로인도하기 위함이다.

부모를 잃어버린 어린아이에게 가장 시급한 것은 날이 어두워지기 전에 부모를 찾는 것이다. 길을 잃은 아이에게 날이 저물면 춥고 배고프고 공포감에 떠는 시간이 다가올 것이다. 부모를 찾기까지 세월이 길어질수록 자신을 찾고 있는 가족이 있다는 것도, 돌아갈 집이 있다는 것도 망각하고 고아처럼 살아가게 될 것이다.

이처럼 하나님을 잃어버리고 사는 인생들은 어떠할까?
하나님을 멀리 떠난 인생들은 하나님의 기적이 없이는 더 이상 살아갈 수 없는 상태에 놓이게 되었다.
귀신 들리고,
병들고,
헐벗고,
무지와 가난 속에서,
목마름 속에서 허덕이게 된다.

그래서 밤중에도, 새벽에도 수많은 무리가 저마다의 고통스러운 문제들을 안고 갈급한 심정으로 예수님께 나아올 수밖에 없었다. 자식을 잃어버린 부모의 가장 큰 고통은 부모로서 그에게 제공할 수 있는 안전과 풍성함과 따뜻한 것들을 제공해 줄 수 없다는 것이다. 맛있는 음식을 먹으려 해도 내 자식이 어디서 굶고 있지는 않는지 생각하면 음식이 안 넘어간다. 따뜻한 곳에 누우려고 하니 내 자식이 어디서 떨고 있는 건 아닌지 고통스럽다.

그래서 견디다 못한 아버지는 급기야 생업을 포기하고 전단을 들고 자식을 찾아 나서게 된다. 자식을 잃어버린 부모에게 가장 절박한 것은 잃어버린 자식을 찾는 것이다.

하나님 아버지도 이처럼 잃어버린 영혼들을 애타게 부르시며 찾으신다.

> 내가 종일 손을 펴서 자기 생각을 따라 옳지 않은 길을 걸어가는 패역한 백성들을 불렀나니 (사 65:2).

> 여호와께서 말씀하시되 오라 우리가 서로 변론하자 너희의 죄가 주홍 같을지라도 눈과 같이 희어질 것이요 진홍 같이 붉을지라도 양털 같이 희게 되리라 (사 1:18).

그런데 아무리 부르고 찾아도 잃어버린 자들이 좀처럼 하나님께 돌아오지 않는다. 병이 들어도, 귀신이 들려도, 만신창이가 되어도 돌아올 생각을 하질 않는다.

그래서 하나님이 직접 찾아 나서신다. 사람의 몸을 입고 하나님 말씀의 전단지를 들고 이 세상에 찾아 나서신다. 말씀이신 하나님이 육신이 되어 죄인들을 친히 찾아오신 것이다.

말씀이 육신이 되어 우리 가운데 거하시매(요 1:14상).

하나님 아버지의 품을 떠나 죄에 매여 종노릇 하는 인간들을 구원하시기 위해 하나님의 독생자 예수님이 이 땅 가운데 우리와 같은 몸을 입고 오셨다. 우리는 하나님 아버지를 잃어버리고 마귀에게 팔려 종노릇 하던 인생들이다. 결국 죄의 노예로 살다가 지옥 불에 던져질 운명이었다.

그런데 하나님의 아들이신 예수님이 우리에게 먼저 찾아와 주셨다. 우리는 먼저 인간의 몸을 입고 우리를 찾아오신 하나님을 상봉한 자들이다.

그런데 아직도 하나님 아버지께서 애타게 자신을 찾는 줄도 모르고 하나님께 버림받았다고 생각하는 사람들!

자신이 하늘 아버지에게 속한 자였음을 모르고 육신을 좇아 사는 사람들!

우리는 잃어버린 자들에게 하늘 아버지께서 생명을 내어 주시면서까지 찾으시는 기쁨의 소식을 알려 주어야만 한다. 자신이 '잃어버린 자였다'는 사실조차 모르는 사람들에게 구원의 소식을 전해야 만 한다.

인자가 온 것은 잃어버린 자를 찾아 구원하려 함이니라(눅 19:10).

그러면, 어떻게 알려 줄 수 있을 것인가?

80년대 이산가족을 찾기 위해 방송국 앞에 전단지를 빼곡히 붙여 놓았던 것처럼 하나님께서는 우리에게 성경 말씀을 통해 알려주고 계신다.

내가 너를 찾고 있다!
내가 찾고 있는 너는 본래 하나님의 형상을 가진 자녀란다!

그러나 모든 죄인이,
눈이 어두워져 이 하나님의 사랑을 도무지 깨닫지 못한다. 그러니 전도자가 필요한 것이다.

하나님을 알만한 것을 주셨지만 너무 막연하다. 기억으로만 찾아내기에는 내가 살던 동네에 대한 기억이 아련하다.

우리 동네에는 저수지가 있었지!
시장도 있었지!
우리 집은 … 우리 집은 …
아파트였는지, 빌라였는지!

기억이 가물가물하다.
전도는 이 하나님에 대한 기억, 아버지 집에 대한 기억을 명확히 일깨워 주는 것과 같다.

그렇기에 깨우쳐 주어야 한다.

> 내가 고아가 아니지!
> 나는 아버지가 있었지!
> 그 아버지의 사랑과 보호 속에 있던 존귀한 사람이었지!
> 그래, 나의 아버지를 만나러 가자!
> 너는 버림받은 것이 아니야!
> 하늘 아버지가 사람의 몸을 입고 이 땅에 낮아져 오시면서까지 찾고 계신 너무나도 소중한 사람이야!

이 소식은 어떻게 전할 수 있을까?

80년대 컬러TV와 전화기의 시대가 열리게 되면서 이산가족 상봉이 대대적으로 이뤄졌고, 당시의 기록물들은 유네스코 유산으로도 등재되었다. 또한, 전파를 타고 생방송으로 중계되면서 오랜 세월 동안 만날 수 없었던 이산가족들이 저마다의 사연을 안고 상봉하게 된다.

당시 이산가족 찾기 특별 생방송 <이산가족을 찾습니다>라는 프로그램의 시청률이 78프로나 되었다고 한다.

> 누가 이 사람을 모르시나요?

이같은 가사의 주제곡이 울려 퍼지며 잃어버렸던 가족을 찾고, 오열할 때마다 전 국민이 함께 울었다. 이처럼 전파의 위력은 대단했다.

마찬가지로 하나님을 만나는 데 가장 강력한 원동력은 '기도'이다. 기도는 전파와는 비교할 수 없는 강력한 위력이 있다. 그래서 전도하러 이 땅에 오신 예수님은 새벽 미명에 기도하셨다. 그러니 전도하기 위해서는 예수님처럼 먼저 기도해야 한다.

전도는 어떻게 시작해야 하는가?
잃어버린 영혼은 어떻게 찾을 수 있는가?
전도는 언제부터 해야 하는 것일까?

반드시 '기도'로 시작해야 한다.
잃어버린 아이를 알고 있다면, 부모가 찾고 있는 것도 안다면, 한시라도 빨리 알려야 한다. 마음이 정리되면 전하는 것이 아니다. 상황이 안정되면 시작하는 것이 아니다.

지금!
당장!
시급하게!

곧장 전해 주어야 한다.

예수님도 사람들의 병을 다 고쳐주시고 상황을 정리해 놓고 전도하러 가실 수 있었지만, 무리의 요구를 외면하고 다른 마을로 가셨다. 전도하기 위하여 '지금 바로' 출발하셨다.

우리도 미세먼지가 걷히고, 방학이 다 지나고 하려 하면 늦을 수 있다. 전도와 다이어트는 내일부터가 아니다.

지금 결심하고 지금부터 시작해야 한다.

전도는 남의 영혼을 살릴 뿐 아니라 나의 영혼도 살린다. 오늘 말씀의 배경이 된 장소는 '가버나움'이란 도시이다. 가버나움은 예수님의 사역 중심지와도 같다. 예수님께서 회당장 야이로의 딸을 살린 곳이고, 베드로의 장모의 열병을 고치시며 기적을 많이 행하신 곳이다.

이곳에서 예수님의 열두 제자 중 여러 명이 나올 정도로 내세울 것이 많은 도시이다. 그뿐만 아니라, 수많은 사람이 병을 고침받기 위해 대학병원에 모여드는 것처럼 회당에 모여들던 지역이다.

그런데 결국 가장 많은 기적을 체험했음에도 하나님의 비전과 목적을 외면한 이 '가버나움'이 어떻게 되었을까?

가버나움아 네가 하늘에까지 높아지겠느냐 음부에까지 낮아지리라 네게 행한 모든 권능을 소돔에서 행하였더라면 그 성이 오늘

> 까지 있었으리라 내가 너희에게 이르노니 심판 날에 소돔 땅이
> 너보다 견디기 쉬우리라 하시니라(마 11: 23-24).

이들은 예수님께 호되게 책망받고 저주까지 받고 있는 것이다. 이처럼 매주 기적이 나타나고 훌륭한 주의 종을 여러 명 배출한 전통 있는 교회라도 전도하지 않으면 미래가 없다.

그러기에 전도하려고 건강하고, 전도하려고 공부하고, 전도하려고 부흥해야 한다.

> 이르시되 우리가 다른 가까운 마을들로 가자 거기서도 전도하리
> 니 내가 이를 위하여 왔노라 하시고(막 1:38).

예수님은 무리를 떠나 가까운 다른 마을들로 가자고 하셨다. 이처럼 병을 고치고 귀신을 쫓는 것도 중요하지만 전도가 우선이셨다.

> 내가 이를 위하여 왔노라(막 1:38하).

예수님이 오신 목적은 너무나도 분명하다.
복음 전도!
예수님은 하나님 나라의 복음을 전하기 위해 오셨다. 잃어버린 자를 찾아 구원하러 오신 분이시다. 우리가 하나님이 부어 주

신 축복 속에 안주하며 예수님의 복음 전도의 사명에 동참하지 않는다면 예수님은 다른 마을로 떠나시게 된다.

우리가 무엇 때문에 먼저 복음을 듣게 되었고, 무엇을 위해 살아가고 있는가?
우리도 예수님처럼 복음 전도의 꿈을 꾸어야 한다.

> 이에 온 갈릴리에 다니시며 그들의 여러 회당에서 전도하시고 또 귀신들을 내쫓으시더라(막 1:39).

예수님은 온 갈릴리로 다니시며 유대인들의 회당에서 하나님 나라의 복음을 전하셨다. 복음을 전할 때 예수님은 병자도 고치셨고, 귀신도 쫓아내셨다. 병이 낫고 귀신을 쫓아내는 것을 통해 하나님 나라의 복음이 더 확실하게 증거된 것이다.
그러니 하나님께서는 복음을 전하는 자에게 은혜와 믿음과 능력을 부어 주신다.
하나님께서는 오늘도 잃어버린 영혼을 찾아 구원하시려고 '복음 전도자'를 찾고 계신다. 이 복음 전도자들에게는 이같은 약속을 주셨다.

> 많은 사람을 옳은 데로 돌아오게 한 자는 별과 같이 영원토록 빛나리라(단 12:3하).

"많은 사람을 옳은 데로 돌아오게 한 자는 별과 같이 영원토록 빛나리라"고 약속해 주시는 하나님!

그분의 가장 우선순위가 되는 '복음 전도'는 선택 사항이 아니다. 그래서 사도 바울도 이렇게 고백한 것이다.

> 내가 복음을 전할지라도 자랑할 것이 없음은 내가 부득불 할 일임이라 만일 복음을 전하지 아니하면 내게 화가 있을 것이로다 (고전 9:16).

열왕기하 7장에는 아람 군대가 사마리아 성을 포위하여 성안은 기근으로 자신의 자녀까지 먹어야 하는 비참한 상황을 맞이한 모습이 나타나 있다.

이때 성문 어귀의 한센병자들(나병환자들)이 성 안에서 굶어 죽느니 아람 군대 진영으로 목숨을 걸고 들어가 항복하고자 한다. 그런데 아람 군대가 하나님의 역사하심으로 모든 것을 진영에 남겨둔 채 도망간 상태임을 알게 되었다. 그래서 이들은 아람 군대가 남겨 놓고 도망간 음식과 보물들을 마음껏 취하다가 이 아름다운 소식을 성안에 갇혀 있는 사람들에게 전하지 않는다면 벌이 자신들에게 미칠 것으로 생각하게 된다.

그리고 그 밤에 성문지기에게 이 소식을 전했다.

우리도 한센병자들(나병환자들)이 성 밖에서 보았던 승리의 소식과 전리품이 가득한 세상과 같은 복음을 먼저 발견하고 만난 자들이다. 이 아름다운 소식을 전하지 않고 침묵하고 아침까지 기다리고 있다면, 또한 거저 받은 전리품들을 혼자 누리는 데만 취해 있다면 벌이 우리에게 미치게 될 것이다.

하나님이 이뤄 놓으신 승리의 소식을 전해 들음으로 살아나게 될 성안에 갇힌 수많은 영혼의 통곡 소리를 외면해서는 안 될 것이다.

> 그 나병환자들이 진영 끝에 이르자 한 장막에 들어가서 먹고 마시고 거기서 은과 금과 의복을 가지고 가서 감추고 다시 와서 다른 장막에 들어가 거기서도 가지고 가서 감추니라 나병환자들이 그 친구에게 서로 말하되 우리가 이렇게 해서는 아니되겠도다 오늘은 아름다운 소식이 있는 날이거늘 우리가 침묵하고 있도다 만일 밝은 아침까지 기다리면 벌이 우리에게 미칠지니 이제 떠나 왕궁에 가서 알리자 하고(왕하 7:8-9).

밝은 아침까지 기다리며 복된 소식 전하기를 미룰 것인가?
나 한 사람 문제 해결 받고
나 한 사람 기적을 체험하고 말 것인가?
혼자 여기가 좋사오니 하면서 안주하는 삶을 살아갈 것인가?
지금 구원의 복음을 전하여 죽어가는 영혼들을 구해내고 별과 같이 빛나는 삶을 택할 것인가?

밝은 아침까지 기다리면 벌이 우리에게 미칠 것이다.

선택의 기로 앞에서 어떤 삶을 택해야만 하겠는가?

우리도 성안에 복된 소식을 전한 한센병자들(나병환자들)과 같이 아침까지 지체하고 기다려서는 안 될 것이다.

> 만일 밝은 아침까지 기다리면 벌이 우리에게 미칠지니 이제 떠나 왕궁에 가서 알리자 하고 (왕하 7:9하).

> 별과 같이 영원토록 빛나리라 (단 12:3하).

전도가 마땅히 해야 할 일임을 알아도 막상 시작하려면 막막하고 두려운 것이 현실이다. 그러나 하나님께서 택하시고 이끄신 자는 나의 능력과는 무관하게 복음의 소리에 귀를 기울이고 반응하게 될 것이다. 우리가 해야 할 일은 준비된 영혼을 만나기까지 복음의 씨를 뿌리는 것이다.

아람 왕의 군대 장관 나아만은 '크고 존귀한 자'로 기록되고 있다. 엄청난 권세를 지닌 적국의 장군 나아만에게 복음을 전한 사람은 이스라엘 땅에서 포로로 끌려온 비천한 어린 소녀였다. 보잘것없는 천한 계집종이 전한 복음은 너무나 단순하고 담대했다.

> 사마리아에 계신 선지자 앞에 계셨으면 좋겠나이다 그가 그 나병을 고치리이다 하는지라 (왕하 5:3하).

"우리 고향 사마리아 땅에 있는 선지자가 장군님 옆에 있었다면 그가 장군님의 한센병(나병)을 고쳤을 겁니다."

고향 땅 사마리아의 선지자 엘리사에 관하여 혼잣말과 같이 흘린 이 한마디가 막강한 권력자 아람 왕의 군대 장관을 움직인 것이다. 내 위치가 보잘것없고 나약하다면 나아만 장군에게 복음의 소식을 전한 계집종과 같이 외마디 복음이라도 전할 수 있을 것이다.

복음은 모든 믿는 자에게 구원을 주시는 하나님의 능력이 있다. 전도자는 다만 이 복음을 소개하고 선포할 뿐이다.

하나님께서는 나아만 장군의 아내의 계집종처럼 비천한 나에게도 놀라운 복음 전도의 능력을 체험할 수 있도록 은혜를 주셨다. 언니에게 복음을 전하기 위해 무작정 전화하여 "하나님은 정말로 살아계셔!"라는 외마디 복음과 방언을 받은 것을 자랑하며 전화기에 대고 방언 기도를 중얼거리며 선보였다.

그런데 놀랍게도 언니가 방언 기도를 듣고, 그 순간에 '진짜 뭔가 있긴 있나 보다' 생각하고는 예수님을 믿기로 결심하게 되었다. 지금은 언니를 통해 온 집이 예수님을 믿게 되었고, 주의 사역자들로 쓰임 받는 가정이 되었다.

이처럼 믿는 자들에게는 표적이 따른다. 마가복음 16:18에는 이렇게 말씀해 주셨다.

> 뱀을 집어올리며 무슨 독을 마실지라도 해를 받지 아니하며 병든 사람에게 손을 얹은즉 나으리라 하시더라(막 16:18).

그러니 복음을 전하는데 부끄럼을 당할 것을 염려하지 말자!

미약한 자신을 바라보며 두려워하지 말고 나아만 장군 집에 포로로 끌려간 계집종처럼 담대한 전도의 사람으로 쓰임 받길 소망한다.

부와 명성을 가졌던 가인의 후손들은 홍수에 휩쓸려가고 물에 빠져 그 호흡을 끝마치게 된다. 그러나 끝까지 하나님의 말씀을 붙들고 믿음의 자리, 말씀 선포의 자리에서 종말의 복음을 외쳤던 므두셀라는 홍수심판으로부터 가문과 인류를 구해 낸다. 홍수 이후와 오는 세대에도 별과 같이 빛나는 인생이 된다.

이것이 복음 전도자가 누리는 특권이요, 하나님 은혜의 축복이 아닐 수 없다.

> 또 이르시되 너희는 온 천하에 다니며 만민에게 복음을 전파하라 믿고 세례를 받는 사람은 구원을 얻을 것이요 믿지 않는 사람은 정죄를 받으리라(막 16:15-16).

제11장

므두셀라의 사명 2
(다음 세대 신앙 전수)

성경에서 가장 장수한 인물은 "므두셀라"이다.

969세, 거의 천년을 장수하게 된다.

므두셀라가 장수한 이유는 그의 이름의 뜻처럼 '그가 죽으면 세상에 종말이 오기 때문이었다'고 여겨진다. 므두셀라의 사명은 심판이 임하기 전까지 구원의 복음을 나타내는 것이었다.

기상 예보가 필요한 것은 예보를 통해 재난을 피하고 일기를 예측하고 대비하는 데 목적이 있다. 므두셀라는 세대 가운데 최후 심판의 메시지를 전달하고, 여기에서 벗어날 구원의 길을 택하도록 자신을 일깨우고 시대를 일깨우는 사명이 있다. 므두셀라의 사명은 900년 이상 이어지며 그를 장수하게 한다.

사도 바울은 로마에 가서 복음을 전할 사명이 있었기에 바울을 죽이기 전에는 "먹지도 마시지도 않겠다"라며 그를 죽이고자 결성된 40여 명의 유대인들이 있었지만, 죽지 않고 로마에 당도하게 된다. 그는 유대인의 위협, 생명의 위협과 강의 위험으로부터 안전하게 보호되며 마침내 죄수의 몸으로 로마에 이르러 복음을 전하게 된다(행 23:12).

하나님은 세계 복음화를 위해 바울을 지키시고 보호하신다. 로마에 가서 복음을 전할 수 있도록 하나님의 손길로 인도하신다.

이처럼 사명을 이루기까지 복음 전파의 사명이 있는 자는 결코 죽지 않을 것이다. 우리가 살아 있는 이유도 이처럼 세상을 향한 므두셀라와 같은 사명 때문일 것이다.

므두셀라의 장수에서 우리는 하루를 천 년같이 천 년을 하루같이 기다리시며 사랑하시는 아버지 하나님의 마음을 알 수 있다.

> 사랑하는 자들아 주께는 하루가 천 년 같고 천 년이 하루 같다는 이 한 가지를 잊지 말라 주의 약속은 어떤 이들이 더디다고 생각하는 것 같이 더딘 것이 아니라 오직 주께서는 너희를 대하여 오래 참으사 아무도 멸망하지 아니하고 다 회개하기에 이르기를 원하시느니라(벧후 3:8-9).

이 세상은 노아 시대나 지금이나 시집가기 좋은 날, 장가가기 좋은 날, 쇼핑하기 좋은 날 먹고 마시며 즐기기 좋은 날이 아닐 수 없다. 물론 요즘 MZ세대는 결혼과 취업, 연애 등을 포기한다고 하지만 그들이 결코 죄짓는 것을 포기하는 것은 아닐 것이다.

하나님 없이도 부족함 없어 보이는 세상에서 하나님은 므두셀라를 세우셨다. 그리고 잃어버린 자들을 찾고 계신다.

홍수가 온다!

최후의 심판 날이 온다!

죄악에서 돌이켜라!

돌아오라!

돌아오라!

애타게 부르고 계신 하나님.

므두셀라의 이름을 통해 죄악의 물결에 떠내려가는 영혼들, 심판을 향해 떠내려가는 영혼들을 간절히 기다리고 찾고 부르시는 하나님의 애타는 마음이 절절히 묻어나고 있다.

우리는 므두셀라를 통해 천 년을 하루같이 하루를 천 년같이 기다리고, 또 기다리시는 하나님의 간절한 죄인들을 향한 사랑의 음성을 들을 수 있다.

므두셀라의 장수는 죄인들을 기다리시는 하나님의 사랑이다.

그러나 므두셀라를 기억하고 옷깃을 여미기에는 심판이 너무나 멀리 있고 즐거움과 배부름이 우리와 밀접해 있다.

그러나 "이만하면 됐다. 부족함이 없다. 평안하다" 할 때, 므두셀라를 기억하는 것이 지혜이다.

지금이야말로 예수님 재림의 때, 곧 최후 심판의 날이 임박한 시대의 징조가 가득한 때이다. 자다가 깨어 기름 등불을 들고 신랑을 맞이하러 나가야 할 때가 임박했음이 절실하게 느껴지는 때이다.

> 므두셀라, 그가 죽으면 심판이 온다.

하나님이 성경에 계시해주신 심판의 말씀은 반드시 이루어진다. 또한, 성경 말씀에 기록된 죽음 이후에 펼쳐질 천국과 지옥도 확실한 실재이다.

모세가 바로 앞에서 하나님의 심판을 선포했을 때, 모세의 말 그대로 애굽 온 땅에 열 가지 재앙이 펼쳐졌다. 열 가지 재앙 중 처음 두 번째 재앙까지는 애굽의 요술사들도 능력을 행하였으므로 모세를 통해 선포된 하나님의 심판이 이루어지고 있음에도 바로와 애굽 사람들이 하나님의 심판임을 인정하지 않았다.

나일강물이 피로 변하는 재앙 앞에서 환경오염의 문제 정도로 인식했을지 모르겠다. 오늘날도 지구 온난화와 기후 변화로 인해 초래되는 각종 재난을 환경 오염의 문제로 인식하고 채식주의를 고수하거나 환경 보호 대책에 골몰하는 것을 보게 된다.

이런 노력과 시도들이 불필요한 것은 아니지만 하나님의 말씀대로 진행되어 가고 있는 마지막 시대의 징조들을 생각하면 이러한 인간적인 노력들이 근본적인 대책이 될 수는 없다.

애굽에 내려진 세 번째 재앙부터는 애굽 요술사의 능력을 벗어난 재앙이 오게 되었다.

그래서 마침내 애굽의 요술사들도 "이는 하나님의 권능입니다"라고 하며 애굽에 펼쳐지고 있는 재앙들이 인간의 문명과 과학으로 해결할 수 없는 하나님의 심판과 재앙임을 인정하게 된다. 특히, 여섯 번째 독종 재앙은 애굽의 요술사들도 피할 수가 없는 재앙이 되었다.

그러나 모세의 경고를 마음에 둔 애굽 사람들은 우박 재앙이 내리기 전에 자신들의 가축들을 우리 안으로 끌어들여 화를 면했다. 하지만 모세의 심판에 대한 경고를 무시한 사람들은 불 섞인 우박에 무방비로 노출되고 말았다.

또한, 소돔 땅이 유황불로 멸망하기 직전 하나님의 천사가 롯에게 소돔 땅의 멸망에 대해 알려주게 된다. 천사로부터 소돔 땅의 멸망에 관한 경고를 들은 롯은 그의 사위들에게 절박하고 긴박한 마음으로 이 사실을 고하게 된다.

그러나 심판의 메시지를 들은 롯의 사위들은 이를 농담으로 여겨 유황불과 함께 멸망 당하고 만다. 또한, 뒤를 돌아보지 말고, 그 성을 급히 떠날 것을 지시받은 롯의 처는 하나님의 경고를 무시하고 뒤를 돌아보았기에 소금 기둥이 되고 말았다. 이는 하나님의 경고와 심판을 가볍게 여기고 무시하는 인생들의 말로를 보여 주고 있다.

지금 전 세계는 코로나19바이러스(covid-19)로 인해 큰 고통을 당하고 있다. 전 세계가 지금껏 경험해 보지 못한 팬데믹의 상황 앞에서 인간의 의술과 과학 문명은 힘을 쓰지 못하고 있다. 그럼에도 애굽의 요술사들이 모세의 재앙을 따라 하고 바로가 하나님의 심판을 비웃고 우습게 여겼던 것처럼 백신을 개발하고 품질 좋은 마스크를 의지하며 미래를 낙관하기도 했다.

그러나 백신과 마스크에도 변이 바이러스가 기승을 부리며 계속해서 확산하는 양상을 볼 때 애굽의 술사들이 바로에게 고백했던 것처럼 "이는 하나님의 권능이십니다"라고 인정하며 고백하지 않을 수 없는 상황이 되었다. 그러나 바로의 완악함과 무지는 여기서 멈추지 않았기에 심판은 결국 열 가지 재앙까지 이어지게 되었다.

이처럼 반복되는 재앙 앞에서도 심판을 인정하지 않고 살아가는 인생이야말로 얼마나 어리석고 교만한 존재인가?

종말의 때를 살아가는 우리에게 지금은 하나님 심판의 경고를 의식하게 하는 므두셀라의 신앙이 절실히 요구되는 때이다.

므두셀라는 천 년 가까이 이 땅 가운데 건재하게 된다. 므두셀라가 장수한 이유는 그가 그 부족을 지키고 시대를 지켜 낼 자였기 때문일 것이다. 그가 죽으면 홍수심판이 임하여 더 이상 죄인들에게 기회가 없어지기 때문에 969년 동안 살아 숨 쉬어야만 했다. 이렇게 므두셀라는 사명에 살고 사명을 다하는 날 죽었다.

아프리카 선교사로 유명한 리빙스턴(David Livingstone, 1813-73)은 자신이 수많은 죽음의 위기 앞에서도 선교 사명을 감당할 수 있었던 것은 다음과 같은 이유 때문이라고 고백했다.

사명인은 그 사명을 다하기까지 절대로 죽지 않는다는 믿음 때문입니다.

우리도 오늘을 살아가는 이유가 있다면 하나님께서 우리에게 허락하신 사명이 있기 때문일 것이다.

그러면, 므두셀라의 사명은 무엇일까?
900살이 넘어서도 창을 던져 마을을 지킬 수 있었을까?
모든 것에는 때가 있다.
900살이 넘는 므두셀라가 창을 들고 "내가 마을 입구를 지키겠다"면서 버티고 서있다 생각해 보자!
이를 보는 부족 사람들마다 고개를 숙이고 "아이고, 어르신" 하면서 부담스러워할 것이다.
마치 연로하여 몸도 가누기 힘든 초고령의 장로님이나 권사님들이 교회에서 주차 관리하고 있고, 주방에서 식사를 준비한다고 하면 어떠하겠는가?
므두셀라도 말년에는 현장에서 뛰기 어려웠겠지만, 그는 끊임없이 기도의 단창, 말씀의 단창을 던지며 구원과 심판의 복음을 전달해 왔을 것이다. 왜냐하면, 그의 사명은 아버지 에녹에게 받은 복음을 자신이 누리며, 그 시대를 구하고, 다음 세대에 전수하는 것이기 때문이다.

이삭은 아브라함에게 전수받은 복음을 야곱에게 전수했다. 야곱의 복음은 열두 아들에게, 열두 아들의 복음은 이스라엘 민족에게, 이스라엘 민족에게 전수된 하나님의 복음은 온 유대와 사마리아와 땅 끝까지 이르러 오늘날 우리에게까지 전수됐다.

이제 우리는 우리에게 전달된 복음과 신앙의 본질이 변질하지 않도록 지켜 내야 하고, 다음 세대에 전달해 주어야 한다.

그러므로 므두셀라가 목숨을 다하기까지 감당해야 할 사명은 '다음 세대를 향한 소망'에 있다.

120년간 노아가 홍수를 대비해 방주를 준비한 것을 볼 때, 므두셀라는 아버지 에녹의 신앙을 아들과 손자들에게 잘 전수해 주었다. 홍수가 나서 멸망하기까지 세상 사람들은 쾌락과 유흥에 빠져 있었지만, 므두셀라의 자손들, 즉 노아의 가족 8명은 방주 안에 거할 수 있었다. 므두셀라는 다음 세대에게 하나님의 심판과 구원의 복음을 묵묵히 전수했다. 므두셀라의 열매는 어쩌면 노아 한 사람 그리고 방주 안에 들어간 노아의 가족 '7명'이 전부였다.

900년 이상 '창 던지는 자'로서의 사명을 감당한 므두셀라에게는 너무나 초라한 성적표가 아닐 수 없다. 그러나 이 조용

한 신앙의 전수가 그의 가문을 살렸고, 인류 구속의 열매가 된 것이다.

'다음 세대 신앙 전수'는 하면 좋고 안 해도 할 수 없는 것이 아니다.

기도로 생명을 연장받고 신앙의 모델이 되었던 히스기야왕은 선한 왕이었다. 그러나 그의 자녀 므낫세왕은 구전에 의하면 이사야를 톱으로 켜서 죽이는 악한 왕이 되었다. 앗수르의 수도 니느웨는 요나의 복음을 듣고 회개한 성읍이었다. 그러나 그의 후손들은 하나님의 백성들을 잔인하게 짓밟았고, 결국에는 자신들도 하나님께 철저히 심판받는 민족이 되었다.

성전에서 율법책을 발견하여 대대적인 개혁을 단행했던 요시야왕의 스토리, 그 마지막은 그의 죽음에 관한 것이다. 요시야왕은 므깃도에서 애굽 왕 바로 느고를 맞으러 나갔다가 병사가 쏜 화살에 맞아 죽게 된다. 그의 죽음과 함께 유다의 개혁과 부흥도 끝이 났다. 요시야왕은 역사상 전무후무한 개혁을 단행했지만, 그의 개혁은 왕의 죽음과 함께 막을 내리고 만 것이다. 결국, 요시야의 아들들은 다시 우상숭배로 돌아가 남유다는 B.C. 586년에 바벨론에 멸망 당하게 된다.

북이스라엘은 남유다보다 훨씬 부강한 나라였으나 하나님을 떠나 우상을 섬기며 살아갔을 때, 남유다보다 앗수르에 136년이나 빨리 멸망 당하고 말았다.

그러므로 '다음 세대 복음 전수'는 선택 사항이 아니다.

므두셀라의 가장 중요한 사명은 복음이 변질되지 않고, 다음 세대에 전수될 수 있도록 하는 것이다. 이것은 종말의 때를 살아가는 우리에게도 가장 중요한 임무가 될 것이다.

마지막 시대에는 거짓 복음이 난무하고 성도들을 미혹케 하며 많은 사람이 배교하게 될 것을 예언하고 있다. 그러므로 복음이 변질되지 않고, 마지막 예수님의 재림을 맞이하는 주자에게 전달되도록 해야 하는 므두셀라의 사명이 우리 앞에도 놓여 있다.

우리도 우리의 자녀 세대에게 복음을 전수하고 이들을 위해 기도해야만 한다. 가나안 정복 전쟁 이후 여호수아가 죽은 후에 사사기의 비극은 하나님을 체험하고 아는 다음 세대가 없이 하나님을 알지 못하는 세대가 온다는 것이었다.

오늘날도 10대 청소년, 20대 청년들은 전쟁의 비극이나 가난의 어려움을 잘 모르는 세대이고, 생활방식이나 식습관, 사고방식이 전혀 다른 세대이다. 입맛이 다른 세대, 문화가 다른 세대까지는 괜찮을 수 있지만 기도를 모르는 세대, 하나님의 말씀을 모르는 다른 세대가 온다는 것이다.

지금도 선교지에서, 개 교회에서 복음의 씨앗이 뿌려지고 있고 이 복음을 믿음으로 받고 전수하는 자들에 의해 이 땅에 하나님 나라가 이루어지고 예수님의 영광스러운 재림이 준비될 것이다.

오늘 '창 던지는 자'로 이 세대를 지키는 우리가 다음 세대, 방주를 예비하는 노아를 위해 기도하고 복음을 전수해야만 하는 때이다. 마지막 시대를 살아가는 우리에게 므두셀라처럼 창 던지는 자의 삶은 너무나 중요한 사명이 되었다.

창을 내려놓으면 안전하고 평안할 듯하지만 므두셀라가 들고 있는 무거운 창은 무거운 짐이 아니라 우리 자신과 다음 세대를 지켜 줄 안전 장치이며 생명의 보장 도구임을 잊지 말아야 한다.

하나님은 그 시대를 구원하시기 위해 므두셀라를 세우셨고, 천 년 가까이 므두셀라를 이 땅에서 지켜주셨다. 므두셀라가 비록 연로하고 나약해 보여도 그가 살아 있는 한 그가 속한 부족과 시대는 소망이 있었다.

사명을 감당하는 자, 곧 므두셀라는 가난한 자 같으나 부요하며, 미련한 자 같으나 지혜로우며, 아무것도 아닌 자 같으나 모든 것을 가진 자였다.

우리는 현실에 직면한 문제와 상황들 앞에서 창을 들 수 없다고 주저앉아 있기 쉽다. 그러나 하나님은 연약한 자를 일으키셔서 용사로 세우시고, 강한 자를 부끄럽게 하시는 긍휼과 은혜의 하나님이시다.

디모데의 외조모 로이스와 그의 어머니 유니게도 디모데에게 거짓 없는 믿음을 유산으로 전수해 주었다. 모세의 어머니는 노예 백성이었지만 미리암과 아론과 모세에게 하나님의 백성으로서의 정체성을 심어주었다.

하나님은 므두셀라에게 창 던지는 자의 사명을 부여해 주셨을 뿐만 아니라 그 사명을 감당할 능력도 부어 주셨다.

우리가 므두셀라와 같이 내가 받은 복음을 다음 세대에 전수해 내는 사명을 감당코자 한다면 상한 갈대 같이 연약한 자라도 하나님의 강한 손으로 붙들어 주실 것이다. 꺼져가는 심지 같이 미약할지라도 그 불꽃이 꺼지지 않고 계속해서 타오를 수 있도록 도우실 것이다.

세상 끝날까지!
심판으로부터 이길 때까지 우리와 항상 함께해 주실 것이다.

> 예수께서 나아와 말씀하여 이르시되 하늘과 땅의 모든 권세를 내게 주셨으니 그러므로 너희는 가서 모든 민족을 제자로 삼아 아버지와 아들과 성령의 이름으로 세례를 베풀고 내가 너희에게 분부한 모든 것을 가르쳐 지키게 하라 볼지어다 내가 세상 끝날까지 너희와 항상 함께 있으리라 하시니라(마 28:18-20).

제12장

므두셀라의 사명 3
(멈춰서는 안 되는 싸움)

므두셀라가 분투하며 창을 내리지 않을 때 부족들은 안전할 것이다.

오늘 이 시대도 창을 들고 마을 입구에서 부족을 지켜 내고자 하는 므두셀라의 분투, 새끼 양을 지켜 내고자 하는 다윗과 같은 분투가 필요한 시대이다.

다윗은 아버지의 양 떼를 지킬 때 양의 새끼를 물어가는 곰과 사자를 따라가 그것을 치고 그 입에서 새끼를 건져 내었다. 다윗은 곰과 사자로부터 새끼 양을 구하고 하나님은 새끼 양을 구하는 다윗을 곰과 사자의 입으로부터 건져내 주셨다.

> 다윗이 사울에게 말하되 주의 종이 아버지의 양을 지킬 때에 사자나 곰이 와서 양 떼에서 새끼를 물어가면 내가 따라가서 그것을 치고 그 입에서 새끼를 건져내었고 그것이 일어나 나를 해하고자 하면 내가 그 수염을 잡고 그것을 쳐죽였나이다 (삼상 17:34-35).

어려서부터 경쟁에 내몰리며 좌절을 경험하는 세대!

'죽고 싶지만, 떡볶이는 먹고 싶은 이 세대'를 악하고 음란한 세대로부터 건져 내기 위한 싸움이 우리에게 요구되는 시대이다.

하나님께서는 이 일을 위해 우리 각 사람을 이 시대의 '므두셀라'로 부르고 세우셨다. 우리가 싸워야 할 영적 전쟁은 결코 멈춰져서는 안 되는 싸움이다. 싸움을 멈추는 순간 죄악의 홍수에 수몰되는 결과를 초래하게 된다.

목동 다윗은 곰과 사자의 입을 쳐서 자신이 지키던 양의 새끼를 건져 냈다. 가는 곳마다 전쟁에 승리하여 여호수아 때보다도 넓은 땅을 차지했다.

그런데 이런 다윗이 전쟁 중에 싸움을 멈추고 "오후 늦게 일어나" 옥상을 거닐게 된다. 이때 마침 목욕하던 한 여인을 보게 되었고, 안목의 정욕을 이기지 못한 다윗은 충신 우리야의 아내인 그 여인을 간음하는 죄를 범하게 된다. 이처럼 다윗이 전쟁 중에 싸움을 멈추고 나태한 잠을 택했을 때 죄의 유혹에 무방비로 노출되고 이 죄는 다윗을 점령하게 된다. 그리고 그가 싸움을 멈추고 택한 죄의 대가는 아주 처참했다.

그 대가를 시편 32:3-4에서 다윗은 이렇게 고백하고 있다.

> 내가 입을 열지 아니할 때에 종일 신음하므로 내 뼈가 쇠하였도다 주의 손이 주야로 나를 누르시오니 내 진액이 빠져서 여름 가뭄에 마름 같이 되었나이다 (시 32:3-4).

싸움을 멈추고 안일에 빠져 범하게 된 죄로 인해 진액이 마르고 뼈가 쇠하는 듯한 고통을 당하게 된 것이다.

여호수아 10장에는 여호수아가 아모리 족속 다섯 왕을 진멸하고 가나안 남부 지역을 정복한 사건이 기록되어 있다.

가나안 땅의 기브온 족속이 이스라엘 백성과 화친조약을 맺었다는 소식을 듣고 위협을 느낀 아모리 족속들은 다섯 왕이 연합하여 기브온을 침략한다. 이에 여호수아는 기브온 족속과 맺은 화친조약으로 인해 아모리 족속들에 맞서 전쟁에 참여한다.

이 전쟁에서 여호수아가 승기를 잡아가고 있는데 날이 저물어 어두워지므로 전쟁을 중단해야 하는 상황이 온 것이다. 이 상황에서 여호수아는 다 이겨가는 싸움을 멈출 수 없었기에 태양을 멈추도록 명령하고 도전한다.

> 태양아 너는 기브온 위에 머무르라 달아 너도 아얄론 골짜기에서 그리할지어다 하매(수 10:12하).

이는 태양은 멈추어도 대적들과의 전쟁은 멈출 수가 없다는 선포이다. 실제로 하나님은 여호수아의 믿음의 도전대로 태양을 멈추어 주셨다. 태양이 멈추자 싸움은 중단되지 않은 채 계속되었고 여호수아는 가나안 다섯 족속과의 전쟁에서 대승을 거두었다.

마지막 시대를 살아가는 우리에게 영적 전쟁은 더욱 치열할 것이다. 이 싸움은 절대로 멈추어서는 안 되는 싸움이다.

마지막 때 대(大)환란의 시기에는 이마나 손목에 표를 받지 않으면 매매를 할 수 없는 극한의 시대가 펼쳐질 것임을 예언하고 있다(계 13:16-17).

국제 무역과 교역이 활발해진 시대에 매매할 수 없다는 것은 죽음보다 더한 고통으로 다가올 것이다. 러시아와 우크라이나 전쟁으로 곡물 수출이 막히자 당장 기아에 무방비한 나라들의 비명이 쏟아지고 러시아산 가스 공급이 막힐 때 유럽의 경제와 생활에 막대한 피해를 초래하게 될 것을 우려하고 있다.

이마와 손목에 짐승의 표를 받지 않으면 매매가 전면 금지된다고 상상해 보라.

짐승의 표를 받지 않아 직장에 갈 수 없고, 가스와 전기가 끊기고, 고열이 끓고 촌각을 다투는 응급 상황에서 병원을 이용할 수 없어 눈앞에서 가족이 죽어 나가는 것을 지켜 보아야만 한다면 여기에 맞서 당당히 싸울 수 있는 자가 얼마나 되겠는가?

더구나 믿는 자들이 이미 다 휴거되고 성령의 도우심마저 없는 상황에서 신앙을 지켜 낸다는 것은 너무나 불가능한 시나리오이다. 하나님의 말씀을 통한 계시이기에 이 일은 반드시 이루어질 것이고 역사 앞에 펼쳐질 것이다. 그러나 여기서 타협하고 사탄의 표를 받게될 때, 인침을 받게될 때 종국에는 뼈가 쇠하는 듯한 고통과는 비교될 수 없을 큰 고통의 날을 맞이하게 될 것이다.

이마에 짐승의 표를 받고 매매하며 잠깐 동안 호의호식할 수는 있겠으나, 이같은 자들은 구원을 얻지 못할 것이다. 잠시 잠깐 음식과 안락을 추구할 수는 있겠으나, 결국에는 멸망의 자식들로 영원한 불 심판에 처하게 될 것이다.

대(大)환란의 시기에는 말세에 대한 경고의 말씀을 기억하고 견고히 붙잡지 않는다면 자신도 모르는 사이 이마와 손목에 인 맞은 자와 같이 미혹된 삶을 살아가게 될 것이다.

그러므로 깨어 있어야 하며, 영적인 싸움을 게을리해서는 안된다. 이 환란이 있기 이전에 주님께서 재림하신다면 우리는 반드시 주님과 함께 들림을 받는 자가 되어야 한다. 환란 이후에 주님이 오신다면 우리는 불 시험과 환란을 이기고 통과하는 자들이 되어야만 한다.

그러기에 우리를 거듭나게 하사 산 소망을 주시는 주님을 견고히 붙들고 그 믿음의 터 위에 굳게 서야만 한다.

> 사랑하는 자들아 너희를 연단하려고 오는 불 시험을 이상한 일 당하는 것 같이 이상히 여기지 말고 오히려 너희가 그리스도의 고난에 참여하는 것으로 즐거워하라 이는 그의 영광을 나타내실 때에 너희로 즐거워하고 기뻐하게 하려 함이라(벧전 4:2-13).

지하철을 타면 거의 모든 사람이 고개를 숙인 채 휴대폰을 들여다보고 있다. 게임과 영상, 온라인 쇼핑 등 수많은 컨텐츠를 가지고 전두엽을 자극하며 사람들의 자세조차 구부정하게 만들고 엎드리게 만든다. 이마에 인을 맞아야 경제 활동과 자유가 허용되는 시대가 오면 저와 같은 모습으로 사람들이 인을 맞고 굴복하는 모습이 아닐까 생각해 보게 된다.

> 므두셀라가
> 기도의 창을 내리고,
> 영적 전쟁에서 말씀의 창을 내리고,
> 싸움을 멈추는 그 순간!
> 세상은 죄악의 홍수로 뒤덮이게 되고,
> 마침내 심판이 임하게 된다.
>
> 므두셀라는 창을 들고 마을을 지키고,
> 하나님은 마을과 부족을 지키는 므두셀라를 지켜 주시는 것이다.

므두셀라 한 사람이 900년 동안 타락한 그 시대를 구하고 건진 것처럼 이 시대의 므두셀라를 세우시고 지키고 계신다.

하나님은 이 시대에 영적으로 무장되어 진리의 싸움을 싸워 낼 므두셀라와 같은 의인 한 사람을 간절히 찾고 계신다.

므두셀라가 무너지면 심판이 임하게 된다.

므두셀라가
말씀의 창, 기도의 창을 내리고,
선한 싸움을 멈추는 순간!
죄악의 홍수가
더욱 범람하게 될 것이다.

전 세계가 기후 위기로 홍수와 가뭄, 화재, 지진과 전쟁 등으로 재앙을 당하고 있다. 권위는 무시당하고 가정이 무너져 가고 있다. 이 나라도 경제, 군사, 문화적으로 위기가 아닐 수 없다.

그러나 므두셀라가 창을 들고 일어서서 싸우고 있는 가정과 나라는 죄악의 물결과 심판으로부터 안전히 보호될 것이다.

기도하는 므두셀라!

영적 전쟁에서 창을 들고 지키는 므두셀라 한 사람이 없을 때, '이만하면 됐다'고 안도하며 안일의 잠을 청하게 될 때,

바로 그때가 곧 위기이다.

세상은 죄가 많아 망하는 것 같지만, 한 사람의 의인이 없어 멸망하는 것이다.

믿음의 창, 진리의 창을 들고 싸우는 한 사람!
므두셀라가 없을 때, 한 사람의 의인이 영적 전쟁의 자리에서 떠나 안일함의 잠에 빠져 있을 때, 이때가 바로 위기의 때이다.

> 네가 말하기를 나는 부자라 부요하여 부족한 것이 없다 하나 네 곤고한 것과 가련한 것과 가난한 것과 눈 먼 것과 벌거벗은 것을 알지 못하는도다(계 3:17).

요한계시록에 등장하는 아시아의 일곱 교회 중 라오디게아 교회는 물질적으로 풍요로운 교회였다. 그래서 스스로 말하기를 "부자라 부요하여 부족한 것이 없다"고 하였기에 뜨거움이 식어 있는 교회가 되어 버린 것이다.

그런데 그들의 물질적인 풍요가 그들의 신앙을 뜨겁지도 차갑지도 않은 미지근한 신앙으로 변질시켰다. "스스로 부요하여 부족함이 없다"고 했던 그들에게 주님께서는 "가련하고 가난하고 눈멀고 벌거벗었다"고 책망하시며 "내 입에서 토하여 내치리라" 말씀하신다.

우리나라도 국민소득이 올라가면서 금요철야기도회는 저녁기도회로 대체되고 있고 이마저도 사라지고 있다. 주말에는 산과 바다와 해외로 여행을 떠나고 예배의 자리는 비어 가고 있다.

그러나 하나님께서는 자다가 깰 때가 벌써 되었다고 말씀하신다.

> 또한 너희가 이 시기를 알거니와 자다가 깰 때가 벌써 되었으니 (롬 13:11상).

이처럼 "자다가 깰 때가 벌써 되었다"고 말씀하시며 택하시고 부르신 자녀들을 흔들어 깨우며 영적 군사로 부르고 계신다. 어둠의 일을 벗고 의와 빛의 갑옷으로 무장하라고 명령하신다.

> 밤이 깊고 낮이 가까웠으니 그러므로 우리가 어둠의 일을 벗고 빛의 갑옷을 입자(롬 13:12).

그러므로 오늘 우리 각 사람은 하나님께서 세워 주신 각자의 자리에서 기도와 말씀의 창을 들고 복음의 진리를 파수하는 므두셀라로 살아가야 할 것이다.

창을 던지는 자가 싸움을 멈추어서는 안 되는 이유는 이 전쟁은 이겨야 하는 싸움이기 때문이다. 이 싸움은 '영생을 건 싸움'

이기 때문이다.

대적들과의 싸움에서 이기지 못할 때 나 자신과 부족들의 안전과 생명을 보장할 수 없다.

스펄전 목사님은 이렇게 말했다.

> 거룩한 목회자는 하나님의 손에 들린 무기이다.

목회자뿐 아니라 거룩한 성도 한 사람 한 사람은 하나님의 손에 들린 무기이다. 전능하신 하나님의 손에 들린 무기로 싸우는 자를 어느 누가 당할 수 있겠는지 생각해 보라.

우리도 이기는 싸움, 승리가 확보된 싸움을 결코 멈추어서는 안 될 것이다. 뒤로 물러가 후퇴해선 안 될 것이다.

> 우리는 뒤로 물러가 멸망할 자가 아니요 오직 영혼을 구원함에 이르는 믿음을 가진 자니라(히 10:39).

우리가 선한 싸움을 멈추지 않을 때, 하나님께서는 태양을 멈추어서라도 우리의 싸움을 이기게 만드시는 '전능자 하나님'이심을 기억하자.

마지막 시대를 살아가는 우리 각 사람은 오늘 이 시대의 므두셀라와 같다. 우리 각 사람을 죄악의 홍수로부터 가정을 지키고, 교회를 지키고, 나라를 지킬 므두셀라로 세워 주셨다.

　노아의 시대처럼 지금도 세상은 먹고 마시고 즐길 것으로 가득하다. 질병과 기근과 재앙으로 고통 하며 싸워야 하는 사람들이 있는가 하면 한편으로는 우리의 눈과 귀를 빼앗는 즐거움과 안락함 풍요로움과 싸워야 하는 일도 있다. 우리의 신앙을 위협하고 생명을 위협하는 미혹의 물결이 대(大)홍수와 같이 밀려드는 시대가 다가오고 있다.

　하나님이 택하신 이 시대의 므두셀라들이여!
　결단코 손에 들린 단창을 내리지 말아야 한다.
　기도의 싸움을 멈추지 말아야 한다.
　거룩한 싸움을 멈추지 말아야 한다.

　최후 승리를 얻기까지!
　영생의 면류관을 받기까지!
　이 싸움은 계속되어야만 한다.

제13장

기도의 창
(산 위의 기도)

　므두셀라는 말씀과 기도로 무장한 채 믿음의 창을 던져 자신과 그 시대를 지켜 냈을 것이다.

　그가 창을 들고 부족을 지키듯이 모세도 기도의 손을 들어 적들의 공격을 물리친다. 르비딤 광야의 아멜렉과의 전쟁에서, 여호수아는 산 아래에서 칼날로 아멜렉을 쳐서 무찌르고, 모세는 산 위에서 손을 들고 기도로 싸운다. 모세가 손을 들면 이스라엘이 이기고, 손을 내리면 아멜렉이 이기게 됨으로 그 손을 내려오지 않도록 아론과 훌이 모세의 팔을 붙들어 올린다.

　이스라엘이 아멜렉과 싸울 때 모세는 창을 들고 싸우는 대신 기도의 손을 들었고, 아론과 훌은 모세의 손을 받쳐 주어 싸움에서 이길 때까지 함께했다.

　60-70년대 가난한 시절 부모 세대들은 헐벗고 굶주리는 자녀들을 위해 치열한 기도의 싸움을 싸워 냈다. 그렇게 무지에서,

병듦에서, 가난에서 자녀들을 건져냈고, 미신과 우상에 빠져 있던 가문을 일으켰고 교회들을 세워 나갔다. 이러한 기도와 영적 전쟁의 원동력으로 하나님께서는 한국 교회뿐 아니라 경제에도 놀라운 번영을 이루어 주셨다.

아멜렉과의 전쟁은 오늘날 우리 삶 속에서도 펼쳐지고 있다. 이 싸움은 눈에 보이지 않는 전쟁이고 영적 전쟁이다. 그러므로 산 아래에서의 전쟁에서 이기기 위해서는 반드시 산 위의 전쟁에서 이겨야만 한다. 산 위의 전쟁은 '기도의 싸움'이다. 전쟁터 같은 삶의 현장에서 승리하기 위해 하늘을 향해 손을 들어야 한다.

학교에서 공부하는 자녀를 위해, 직장생활과 일상을 승리하기 위해 산 위의 기도가 필요하다. 마지막 시대에 믿음을 지키고 의의 면류관을 향해 달려갈 길을 다가기 위하여 최후 승리의 순간까지 기도의 손을 내려서는 안 된다.

악한 세대로부터 구별된 삶을 살아가고 선교적 사명을 이루기 위해서는 산 아래에서 펼쳐지는 혈과 육의 싸움만으로 당해 낼 수가 없다. 공중의 권세 잡은 악한 영들과의 싸움에서는 반드시 하늘을 향해 손을 들고 기도하는 산 위의 기도가 필요하다. 산 위의 전쟁은 한 사람의 기도로 버거울 수가 있다. 그러므로 '영적인 동역과 중보'가 절실하게 필요하다.

우리 가정은 여러 문제와 상황들 앞에서 두 자녀와 함께 가족 모두가 마음을 합하여 날마다 기도했다. 그럴 때마다 기도의 응답을 체험했고 영적 승리를 경험했다. 특히 자녀들의 학교 생활과 영적 생활을 위해서도 가정에서 드리는 합심 기도는 항상 회복과 승리를 안겨 주었다.

산 위에서 손을 들고 드리는 기도는 권세가 있다. 특히 두세 사람이 합심하여 드리는 기도와 성전의 강단에서 선포되는 기도는 권세와 힘이 있다. 므두셀라 한 사람이 아무리 강한 용사라 하더라도 그가 연약한 무릎을 일으켜 세워 기도할 수 있도록 모두 함께 중보기도 하고 연약한 팔을 붙잡아 주어야 한다.

영국이 낳은 19세기 최고의 설교가인 찰스 스펄전 목사는 기름 부으심이 넘치는 그의 설교와 교회 부흥의 비결을 묻는 사람들의 질문에 이렇게 답했다.

> 성전 지하실에서 나를 위해 간절히 중보기도 하는 수백 명의 성도들이 바로 부흥의 비결입니다.

교회 부흥의 성패도 산 위의 기도에 달려 있다.
우리 교회는 담임 목사님을 통해 강단에서 손을 들어 중보기도 하고, 하나님의 말씀이 선포될 때 불치병이 치료되고, 닫혔던

태의 문이 열리고, 삶의 현장에서 기도의 응답과 승리를 체험하는 일들이 일어나고 있다.

이처럼 하나님의 성산에서 드려지는 기도는 힘과 권세가 있다. 모세의 중보기도처럼, 주의 종의 중보기도와 강단의 선포 기도는 큰 능력이 있다. 그러므로 모세와 같이 연약한 손이 내려오지 않고, 기도의 손을 높이 올라갈 수 있도록 아론과 훌과 같은 동역의 기도가 필요하다.

역대하 20장에서 암몬과 모압과 마온이라는 3개의 나라가 연합하여 남유다를 침략해 왔을 때 여호사밧왕이 백성들에게 금식을 선포하는 모습이 나타나 있다. 이스라엘 모든 남자와 아내와 자녀, 심지어 어린아이들까지 성전에 모여 여호와 앞에 서서 기도했다.

솔로몬의 성전 봉헌식에서 하나님께서는 성전에서 손을 들고 기도할 때 하나님께서 응답해 주실 것을 약속하고 있다. 하나님의 눈과 마음이 항상 하나님의 성전에 머물러 있으실 것을 약속하셨다.

> 여호와께서 그에게 이르시되 네 기도와 네가 내 앞에서 간구한 바를 내가 들었은즉 나는 네가 건축한 이 성전을 거룩하게 구별하여 내 이름을 영원히 그 곳에 두며 내 눈길과 내 마음이 항상 거기에 있으리니(왕상 9:3).

여호사밧은 솔로몬 성전 봉헌식 때 주셨던 이 하나님의 말씀을 붙잡고 백성들과 함께 성전에 모여 기도했는데, 여기에도 어린아이라고 예외가 없었다. 이처럼 성전 중심의 신앙생활과 기도생활을 어린아이들도 동참할 수 있도록 알려 주어야 한다.

우리 교회 주일학교에는 유치부부터 초등학교 저학년까지 6명의 아이들이 모이고 있다. 대부분의 교회의 주일학교가 사라져 가고 있는 상황에서 6명의 아이들은 마지막 시대 하나님께서 이 땅 가운데 남겨주신 '그루터기들'이다. 우리는 2층 소예배실에서 어린이예배를 드리고 있는데, 3층에서 드려지는 어른들의 예배와 가정과 나라를 위해 고사리 같은 손을 높이 들고 중보기도에 동참하고 있다.

여호사밧왕은 백성들이 금식하며 성전에 모여 기도하게 한 후, 군대 앞에 찬양대를 세우고 하나님을 찬양하게 하면서 대적들과 맞선다. 찬양대의 노래와 찬송이 시작될 때, 바로 그때 하나님께서 복병을 두어 친히 적들을 완전히 진멸하였다. 이는 하나님을 신뢰하는 자가 드리는 '기도의 승리, 찬양의 승리'이다.

예수님이 예루살렘에 들어와 성전을 둘러보시는데 기도와 찬양의 소리는 들리지 않고, 양과 소의 소리가 들리고 성전에 장사치와 돈 바꾸는 사람들의 소리가 가득했다. 이스라엘 민족은 성전 중심의 민족이다. 이들이 말하는 성전은 예루살렘 성전을 의미한다. 그런데 이스라엘 백성들이 그 예루살렘 성전에서 제사

지냈기 때문에 먼 곳에서부터 소나 양, 비둘기를 가지고 예루살렘으로 이동하다 보면 제물에 하자가 생겼다. 율법의 제사는 흠 있는 것을 제물로 드리는 것을 금했다. 그래서 사람들이 예루살렘 성전에서 온전한 제물로 제사를 지낼 수 있도록 돕기 위해 성전 안에서 흠 없는 제물을 팔기 시작한 것이다.

이 모습을 보신 예수님은 크게 분노하셨고 비둘기를 파는 자들의 상을 엎으셨다. 먼 길을 와서 제물이 상해 제사를 못 드리고 돌아가는 사람들을 생각하면 너무나 합리적이고 좋은 아이디어처럼 보인다.

그런데 왜 예수님은 "강도의 소굴"이라고 말씀하시면서 채찍으로 치고 상을 엎으실 만큼 분노를 하신 걸까?

오늘 예수님께 책망받은 사람들은 먼 곳으로부터 예루살렘 성전까지 올라와 제사를 지내는 사람들의 편의를 봐주고 제사를 돕고자 한 사람들이었다. 처음 취지는 좋았는데 점점 제사보다 돈벌이에 관심을 가지게 된 것이다.

사람들이 제물로 가져온 비둘기와 송아지에 온갖 흠집을 찾아내어 통과시켜 주지 않고 성전 안에서 제물을 팔아 이익을 챙겼다. 이에 예수님은 비둘기를 파는 자들의 상을 둘러 엎으시고 아무나 물건을 가지고 성전 안으로 지나다님을 허락하지 않으셨다.

그러면, 이렇게 좋은 취지로 예배를 돕고자 시작했던 행동들이 왜 '강도의 소굴'이라 책망받을 행동들로 변질된 것일까?

> 그들이 예루살렘에 들어가니라 예수께서 성전에 들어가사 성전 안에서 매매하는 자들을 내쫓으시며 돈 바꾸는 자들의 상과 비둘기 파는 자들의 의자를 둘러 엎으시며 아무나 물건을 가지고 성전 안으로 지나다님을 허락하지 아니하시고 이에 가르쳐 이르시되 기록된 바 내 집은 만민이 기도하는 집이라 칭함을 받으리라고 하지 아니하였느냐 너희는 강도의 소굴을 만들었도다 하시매(막 11:15-17).

여기 나타난 "내 집은 만민의 기도하는 집"(막 11:17)이라는 말씀에서 답을 찾을 수 있다. 교회의 다른 이름은 "기도하는 집, 만민의 기도하는 집"인 것이다. 가난한 사람도, 부유한 사람도, 누구나 나와 기도할 수 있는 집이 바로 교회이다.

"사랑을 줄 수 없을 만큼 가난한 사람은 없으며 사랑이 필요 없을 만큼 부자도 없다"는 말이 있다. 이 말은 기도에도 적용된다. 기도를 못할 정도로 가난한 사람도 없고, 기도가 필요 없을 정도로 부요한 사람도 없는 것이다. 아무리 부요하고 건강해도 기도가 필요치 않은 사람은 없다.

그러므로 교회는 "만민이 기도해야 하는 집"이다. 사역자들은 기도하고 학생이나 주일학교 어린이는 기도를 안 해도 되는 것이 아니다. 만민 모두가 함께 다 기도해야 한다. 교회는 기도하는 사람이 주역이다. 교회를 오래 다닌 사람, 개척 멤버가 주인이 아니다.

그러면, 예수님께서 성전을 왜 기도하는 집이라고 말씀하신 것일까?

만민의 예배하는 집, 아니면 예수님께서 전도를 위해 오셨다고 했으니까 만민의 전도하는 집, 이렇게 하셨어도 될 텐데 왜 굳이 기도하는 집이라고 하신걸까?

그 이유는, 기도 없이는 예배와 전도가 온전히 설 수 없기 때문이다. 기도하지 않으면 예배를 훼방하고 전도를 훼방하는 세력이 힘을 받기 때문에 기도해야 한다. 기도하지 않으면 우리 영혼을 약탈해 가는 강도가 있으므로 기도해야 한다.

오늘날 우리에게도 편리주의와 세상 욕심의 강도가 성전을 차지할 수 있다.

십일조도 현금으로 들고 성전에 오기는 불편할 수도 있다. 그런데 여기에 하나님을 향한 중심이 빠지고 계좌이체만 한다면 편리하기는 하지만 하나님의 도우심과 은혜를 기억하기가 쉽지 않다. 드려지는 헌금이 내 것인 줄 착각하지 않으려면 기도해야 한다. 헌금을 드려도 기도하면서 드려야 한다.

기도 없이 편리한 것만 찾다 보면, 하나님과의 관계도 소원해지기 쉽다. 양과 소를 먼 곳에서 가져올 때는 제사에 대해 간절함과 준비가 있을 것이다. 가면서도 기도하는 마음으로 갈 수 있다. 그러나 성전에서 제물을 사면 편리하긴 하지만, 감사와 정성을 잊어버리기가 쉽다. 그러므로 더욱더 기도해야 한다.

교회에서 어떤 일을 결정할 때도 회의를 통해 다수결로 결정할 수 있지만 기도하지 않는 다수결은 매우 위험하다.

죄가 없으신 예수님을 십자가에 못 박고 강도를 풀어 주는 것이 다수결이었다. 그러므로 어떤 일을 결정할 때도 기도 먼저 해야 한다.

기도가 생략된 사람의 지혜는 강도의 소굴이 될 수 있다. 기도하지 않는 심령은, 기도하지 않는 우리의 일상은, 하나님과는 전혀 상관없는 "강도의 소굴"로 점령당할 수밖에 없다. 경건의 모양은 있어도 능력은 없는 잎만 무성한 무화과나무처럼 될 수 있다.

우리가 주님께 무릎 꿇지 않으면 영적인 강도에게 꿇어야 한다. 칼을 들지 않았지만 강도처럼 우리 영혼을 약탈해 가는 것들이 있다. 하나님께 꿇어야 할 무릎을 영상 앞에 꿇게 하고 영적인 강도는 밤낮없이 전파를 타고 우리 안방까지 쳐들어온다.

요즘 천만 영화나 인기 드라마를 보면 우리 영혼을 강도의 소굴로 만들 만큼 잔인하고 선정적이고 비성경적이다. 이러한 매체들을 통해 우리도 모르는 사이 하나님께 기도할 시간과 마음을 약탈해 간다.

기도로 나아가면 우리 마음의 지성소에서 참된 기쁨과 만족을 주시는데 기도가 빠지면 우리 마음의 성소를 게임이 차지하고 웹툰과 드라마가 점령해 버린다.

　기도가 없이는 예배도, 전도도, 선행도, 그 어느 것도 하나님 뜻대로 할 수 없는 것이 우리 연약한 인간이기에 시작도 기도, 과정도 기도, 끝도 기도로 끝내야만 한다.

　　교회는 만민의 기도하는 집이다.

　기도는 저절로 되는 것이 아니다. 방해하는 세력이 있으므로 기도는 싸움이다.

　그러나 우리가 믿음의 사람이 되고자 한다면 반드시 기도해야 한다. 우리는 또한 하나님의 선하심을 맛보아 알기 위해 기도해야 한다.

　　너희는 여호와의 선하심을 맛보아 알지어다 그에게 피하는 자는 복이 있도다(시 34:8).

　강도에게는 자비와 선함이 없다. 자신의 욕심만 채우기에 급급하다. 그러나 기도하면서 하나님께 피하면 하나님의 인자하심과 선하심을 맛보게 되고 이기적이고 강퍅한 마음이 은혜의 심령이 된다. 하나님의 선하심을 맛보아 알게 되면 사람과의 관계도 좋아진다.

그러므로 사람과의 사이가 냉랭하고 친구 관계가 어려우면 관계 개선이 우선이 아니고 기도가 우선해야 한다. 교회가 불만이고 학교와 직장과 가정에 불만이 생긴다면 먼저 기도함으로 하나님의 선하심을 맛보아 알아야 한다. 그리하면 사랑과 감사와 따뜻함과 배려가 생겨날 것이다. 교회와 가정은 난방으로 따뜻해지는 것이 아니고, 기도로 따뜻해질 수 있다.

마가복음 11장 말씀에 등장한 예루살렘 성전은 헤롯 성전[1]으로 80년 이상 지어졌고 내부가 금으로 장식돼 있었다. 그러나 이 성전은 마가복음 13장에 가면 예수님께서 돌 위에 돌 하나도 남기지 않고 멸망할 거라 예언하신다.

성전의 타락은 성전뿐 아니라 민족이 멸망하는 지름길이다. 예수님은 타락해가고 있는 성전을 향해 채찍을 들으셨다. 이 채찍 앞에 회개해야 멸망하지 않는다. 부패한 성전에서 채찍을 휘두르는 예수님을 통해 멸망 길로 치닫는 자녀를 살리고 싶은 하나님 아버지의 절절한 사랑이 묻어난다.

그런데 안타깝게도 이스라엘 백성들은 회개의 기회를 놓치고 이를 갈며 예수님을 죽이고자 한다. 예수님의 채찍 앞에 회개치

---

[1] 솔로몬 성전(제1성전), 스룹바벨 성전(제2성전)이 피괴된 이후 헤롯 대왕이 유대인을 회유하기 위해 전략적으로 지은 성전으로 B.C. 20년부터 재건하여 헤롯 사후 A.D. 64년에 완공된 성전이다. 이 성전은 예수님의 예언대로 A.D. 70년 로마 장군 티투스에 의해 예루살렘이 함락될 때 파괴되었다.

않은 이스라엘은 로마제국에 의해 처절하게 멸망한다. 그토록 화려했던 예루살렘 성전도 돌 위에 돌 하나도 남지 않고 완전히 파괴된다.

우리도 기도하지 않으면서 자신을 믿음 좋은 그리스도인으로 여기고 있다면 착각에서 빨리 돌이켜야 한다. 우리가 믿음의 사람인지 겸손한 사람인지를 분별하기 위해서는 우리의 기도 생활을 돌아보아야 한다. 기도가 부실하거나 생략된 사람이라면 그는 매우 교만한 자일 것이며 경건의 모양은 있으나 능력은 부인하는 자일 것이다. 기도하지 않는 자의 화려한 신앙고백은 잎만 무성한 무화과 나뭇잎과 같은 모습일 것이다.

지금 우리는 "내 집은 만민의 기도하는 집이나 너희가 강도의 굴혈을 만들었도다"라고 책망하시는 예수님의 말씀에 경각심을 가져야 한다. 성전이 강도의 소굴이 된 이유는 건물이나 설비나 시스템이 부족해서가 아니라 기도가 부족해서이다.

교회는 기도하는 집이다.
그래서 초대교회는 그 태생부터 기도로부터 시작되었으며, 교회가 세워진 후에도 기도하는 일에 전력을 다하였다.

> 그들이 사도의 가르침을 받아 서로 교제하고 떡을 떼며 오로지 기도하기를 힘쓰니라(행 2:42).

최근에는 많은 교회에서 금요철야기도회가 사라져 가고 있다. 그러나 하나님께서는 교회들마다 새벽에 하나님께 기도하고 예배드리는 좋은 전통을 우리 민족 가운데 허락하셨다. 이 기도의 명맥으로 이 나라, 이 민족이 유사 이래 최대의 태평성대를 누리고 있다고 믿어진다.

최근에는 깨어 있고 성령 충만한 교회들에서 '24시간 기도'와 '예배가 끊이지 않는 기도의 집'이 세워져 가고 있기도 하다. 청년들이 부흥되는 교회들에서 새벽이슬 같은 주의 청년들이 새벽을 깨워 열정을 다해 기도하는 새벽기도와 예배의 회복이 이루어지고 있어 매우 다행스럽고 감사한 일이다.

> 이 곤고한 자가 부르짖으매 여호와께서 들으시고 그의 모든 환난에서 구원하셨도다(시 34:6).

제14장

므두셀라의 신분 1
(좋은 군사)

므두셀라의 정체성은 '군사'이다.

대적들로부터 부족을 지켜 내기 위해 창을 들고 싸워야 하는 것이 그의 피할 수 없는 숙명이다. 왜냐하면, 그를 노략질하고자 하는 대적들이 항상 있기 때문이다.

인류의 역사를 볼 때도 전쟁의 역사라 해도 과언이 아니다.

베드로전서 5:8에도 이렇게 기록되어 있다.

> 근신하라 깨어라 너희 대적 마귀가 우는 사자 같이 두루 다니며 삼킬 자를 찾나니(벧전 5:8).

눈에 보이지 않지만, 영적 공격 대상이 분명히 있으며 이 싸움은 반드시 이겨야만 하는 싸움이기에 하나님께서는 우리를 그리스도의 군사로 부르신다.

그런데 좋은 군사는 태어나는 것이 아니고 훈련으로 세워 지는 것이다. 훈련되지 못한 병사가 전쟁에 임할 수 없는 것과 같이 위기가 온다고 하여 저절로 믿음이 생기는 것은 매우 어렵다.

평소 신앙 훈련과 경건에 이르기를 연습해야 하는 이유이다. 그러므로 디모데전서 4:7에는 "경건에 이르기를 연습하라"고 말씀하고 있다.

육체의 연습도 우리에게 유익을 주지만 경건에 이르기를 연습하는 것은 범사에 유익하고 금생과 내생에 유익이 있다고 말씀하고 있다.

세계적인 심리학자인 안데르스 에릭슨은 자신의 논문 〈재능 논쟁의 사례 A〉를 통해 세계적으로 실력이 뛰어난 연주자들의 경우 20세가 되기까지 평균 1만 시간 이상을 연습한 내용을 제시하며 각 분야에 성공한 사람들은 연습과 훈련에 많은 시간을 투자하였다는 주장을 펼쳤다.[1]

하나님께서는 육체의 연습은 무익하다고 말씀하시지 않는다. 육체의 연습은 우리가 원하는 꿈과 목표를 이루고 성취할 수 있게 해 준다. 육체를 위해서도 수고와 희생을 아끼지 않는데 육체를 위한 연습은 전성기 몇십 년 정도 유익을 주는 것이 대부분이다.

그런데 경건에 이르기 위한 연습은 금생 뿐만 아니라 내생에도 유익이 있다. 경건은 범사에 유익을 주고 금생과 내생에 약속

---

1 말콤 글래드웰, 『아웃라이어』, 54-55p.

이 있다고 하셨다.

그러면 경건은 무엇으로 훈련될 수 있는가?

디모데전서 4:5에는 "말씀과 기도로 거룩하여진다"고 말씀하고 있다. 경건은 말씀과 기도로 훈련되는 것이다. 또한, 경건에 이르기 위해서는 허탄한 것들을 버리고 우리의 소망을 하나님께 두어야 한다. 소망을 하나님께 둘 때 경건한 삶을 살아갈 수가 있다.

이제 다가오는 시대에는 하나님께 소망을 두고, 하나님의 말씀 위에 견고히 선 자만이 신앙을 지켜 내고 최후 승리를 얻을 수 있을 것이다. 경건에 이르기를 연습하며, 깨어 있는 삶이 있을 때, 시대를 분별하고 말씀의 인도를 따를 수 있을 것이다.

'하나님께 소망을 둔다'는 것은 하나님께 시선을 고정하고 하나님을 바라보는 삶을 말한다. 난리의 때에 재난 방송에 주파수를 맞추고 귀를 기울여야 하는 것처럼 모든 관심과 시선을 하나님의 말씀에 두고 때를 분별해야 할 것이다.

바울은 데살로니가전서 5:3에서 이렇게 말했다.

> 그들이 평안하다, 안전하다 할 그 때에 임신한 여자에게 해산의 고통이 이름과 같이 멸망이 갑자기 그들에게 이르리니 결코 피하지 못하리라(살전 5:3).

또한, 베드로는 베드로후서 3:10에서는 이렇게 말했다.

> 그러나 주의 날이 도둑 같이 오리니 그 날에는 하늘이 큰 소리로 떠나가고 물질이 뜨거운 불에 풀어지고 땅과 그 중에 있는 모든 일이 드러나리로다(벧후 3:10).

"그날이 도적과 같이 임하리라!"

그러므로 그날과 그때를 알 수 없기에 "준비하고 있으라, 예비하고 있으라, 깨어 있으라"(마 25:13)고 말씀하신다. 마지막 날이 언제 어느 때인지 알 수 없으나 깨어서 그날을 예비하기 위해서는 평소에 경건에 이르기를 연습하는 삶이 필요하다. 경건에 이르기를 연습하는 자에게 하나님께서는 그날이 도적같이 임하지 않도록 때를 분별하는 지혜를 부어 주실 것이다.

이스라엘 열두 지파 중 잇사갈 지파는 시대와 세상의 흐름을 분별하는 영적 통찰력과 지혜가 있었다.

마지막 시대를 살아가는 우리에게도 급변하는 세대 속에서 잇사갈 지파와 같이 시대를 아는 지혜와 리더십이 그 어느 때보다 필요한 때이다.

> 잇사갈 자손 중에서 시세를 알고 이스라엘이 마땅히 행할 것을 아는 우두머리가 이백 명이니 그들은 그 모든 형제를 통솔하는 자이며(대상 12:32).

이처럼 하나님께서는 징조를 통해 믿는 자들이 시대를 분별할 수 있도록 허락하셨다.

예수님의 초림 때에 동방 박사들과 목자들은 별의 징조를 통해 예수 그리스도의 탄생을 알게 되었다. 그러나 바리새인과 사두개인, 예루살렘의 제사장들은 성경을 통달하고 있으면서도 날씨는 분별할 줄 알면서 시대의 표적은 분별할 수 없었다.

하나님께서는 예수님의 초림 때뿐 아니라 재림 때에도 택하신 자녀들에게 징조를 통해 때를 분별하게 하실 것이다. 마지막 때가 다가올수록 바다와 땅의 징조, 자연 재해들을 통해서도 예수님의 재림이 임박해 오는 것을 알게 될 것이다.

> 예수께서 대답하여 이르시되 너희가 저녁에 하늘이 붉으면 날이 좋겠다 하고 아침에 하늘이 붉고 흐리면 오늘은 날이 궂겠다 하나니 너희가 날씨는 분별할 줄 알면서 시대의 표적은 분별할 수 없느냐(마 16:2-3).

시대의 표적을 분별하고 경건에 이르게 하는 가장 좋은 통로는 하나님의 임재가 있는 예배를 경험하는 것이다. 예배 안에는 하나님께 대한 기도와 간구, 찬양, 말씀 선포가 있다. 이는 우리를 하나님 보좌 앞으로 인도하는 영적 종합 선물 세트와도 같다. 예배를 통해 하나님을 알아가고 체험할 때, 허탄한 것에 마음을 빼앗기지 않고 하나님께 소망을 둘 수가 있다.

경건에 이르기를 연습하는 것이 안 된 사람은 예배만 드리려 하면 중요한 일이 생긴다. 기도만 하려 하면 더 시급한 일이 앞에 놓여 있다.

그러나 예배보다 기도보다 더 중요하고 시급한 것은 없다. 우리가 하나님께 소망을 두지 않으면 눈에 보이는 것에 매인 삶을 살게 된다.

노아 시대에는 홍수가 코 앞에 다가왔음에도, 눈앞에 거대한 방주가 완성되어 가고 있음에도 아랑곳하지 않고 불경건한 삶을 이어갔다. 방주의 문이 닫히고 하늘의 창이 열려 비가 쏟아지기까지 사람들은 먹고 마시고 사고파는 일상에 묻혀 심판의 때를 알아챌 수 없었다.

우리는 매일 무엇에 전념하고 있는가?

창세기의 하와는 에덴동산에서 금지된 선악과를 집중해 바라보았다. 아마 선악과 밑이 와이파이가 잘 잡히는 장소였나 보다. 보고 또 보다 보니 보암직도 하고 먹음직도 하였다. 죄의 시작은 보는 자극에서 출발하는 경우가 많다. 최근에는 OTT플랫폼을 통해 수백억대의 제작비를 들여 영화나 드라마에 관객들을 동원하고 있다. 지금은 그야말로 보는 것의 전성 시대이다.

얼마나 잔인하고 선정적인 장면들이 눈앞에서 펼쳐지고 있는 시대인가?

그러나 보는 것에 집중할 때 경건에 이르기가 어렵다. 경건의 연습은 보는 것보다 읽는 것에서 출발한다.

> 내가 이를 때까지 읽는 것과 권하는 것과 가르치는 것에 전념하라 (딤전 4:13).

경건의 기준은 '하나님의 말씀'이다.

남과 비교해서 '착하다'고 경건히 아니다. 그러기에 하나님의 말씀 없이 경건은 연습될 수 없다. 경건의 기본은 말씀이다. 수련회나 청년예배에 가면 찬양 시간에 뜨거운 눈물을 흘리며 감동의 예배를 드린다. 그러나 찬양의 열기가 식으면 다시 안 믿는 사람과 똑같은 삶의 패턴으로 돌아가는 경우가 많다.

우리가 믿지 않는 사람들에게 업신여김을 받지 않고 우리의 진보를 나타내기 위해서는 하나님의 말씀을 읽고 읽을 뿐 아니라 권하며 가르칠 수 있는 사람으로 성장해야 한다.

하나님께서는 우리가 '그리스도의 좋은 군사'로 세워 지길 원하신다. 이를 위해서는 연습과 훈련이 필요하다. 그런데 연습과 훈련만으로 좋은 영적 군사가 되는 것은 아니다.

'일만 시간의 법칙'에 대한 반론자들은 훈련과 노력도 중요하지만, 선천적 재능도 중요함을 역설한다. 천재는 노력하는 사람을 이길 수 없고, 노력하는 사람은 즐기는 사람을 이길 수 없다는 말이 있듯이 영적 생활에도 기쁨과 즐거움이란 매우 중요한 요소이다.

다윗은 시편 4편에서 이렇게 노래하고 있다.

> 주께서 내 마음에 두신 기쁨은 그들의 곡식과 새 포도주가 풍성할 때보다 더하니이다(시 4:7).

이처럼 하나님께서 주신 기쁨은 곡식과 새 포도주가 풍성할 때보다 더한 것이다.

하나님께서는 우리에게 그리스도의 좋은 군사로 세워 질 수 있도록 하늘의 신령한 은사를 부어 주신다. 살아계신 하나님과의 교통에서 오는 영적 친밀함과 기쁨을 통해 그 배에서 생수의 강이 흘러넘치게 하신다.

하늘 아버지께서는 우리의 훈련이 지속될 수 있도록 하늘의 신령한 것으로 채워 주신다. 하나님과 교통하는 기쁨 속에서 이 모든 영적 훈련을 감당할 힘과 소원을 덧입게 될 것이다.

좋은 군사는 이기는 군사이다.

우리에 이김을 주시는 분은 하나님이시다. 하나님의 군대가 되어 적들과 맞섰던 이스라엘은 골리앗을 이기고, 미디안을 이기고, 블레셋을 이긴다. 그 수의 많고 적음이나 무기나 전력에 승패가 달려 있지 않고 하나님께 달려 있었다.

영적인 싸움에서도 이기는 군사가 되기 위해서는 하나님의 군대로 싸우는 것이다. 하나님께서는 항상 이김을 주시는 하나님이시다.

좋은 군사는 모집한 자를 기쁘시게 하는 군사이다.

우리에게 항상 이김을 주시는 하나님께 감사하고 주님께 영광을 돌리는 군사이다.

> 항상 우리를 그리스도 안에서 이기게 하시고 우리로 말미암아 각처에서 그리스도를 아는 냄새를 나타내시는 하나님께 감사하노라 (고후 2:14).

제15장

므두셀라의 신분 2
(강한 군사)

> 내 아들아 그러므로 너는 그리스도 예수 안에 있는 은혜 가운데서 강하고(딤후 2:1).

디모데후서 2:1에서 바울은 디모데에게 "그리스도 예수 안에 있는 은혜 가운데서 강하라"고 말하고 있다.

> 너는 예수 그리스도 안에 있는 은혜 속에서 강하고

우리는 '초대 교회 성도들'하면 모두 순교자와 같은 신앙인으로 생각하지만 사실 고난과 핍박 앞에서 예수님을 부인하는 사람들도 대다수였다. 피바람이 몰아치는 핍박 속에서 교회들은 흔들리고 성도들은 배교하고 무서운 속도로 교회를 떠나 가고 있었다.

그런데 이는 초대 교회의 현상일 뿐 아니라 마지막 시대 종말의 때가 되면 많은 사람이 배교하게 되고 믿음에서 떠나게 될 것을 말씀하고 있다. 이러한 때에 바울은 디모데에게 "복음과 함께 고난을 받으라"고 권면했다. 그리고 복음과 함께 고난을 받으려면 "강해야 한다"고 말씀하고 있다.

연소하고 병약하여 나약할 수밖에 없는 디모데가 무엇으로 강해질 수 있겠는가?

"그리스도 예수님의 은혜 안에서 강하라"고 말씀하고 있다. 그리스도인은 돈이 많다고, 배운 게 많다고 강해지는 것이 아니고 그리스도 예수님의 은혜 안에 있을 때 강해질 수가 있다.

강한 그리스도의 군사들은 연약한 소수임에도 나라와 시대를 변화시키고 움직이는 능력이 있다. 예수 그리스도의 은혜는 구원의 은혜와 부르심의 은혜가 있다. 그리스도인은 구원의 은혜 안에서 부르심의 은혜 안에서 강해질 수 있다.

한국전쟁 이후 폐허가 된 땅에서 사람들은 하나님께 나아가 부르짖어 기도하며 하나님의 은혜를 사모했다. 가난과 질병으로 고통받던 수많은 사람이 교회로 몰려들어 구원의 은혜를 경험하기도 했다. 그러면서 80년대 이후 경제 성장이 가속화되고 한국 교회는 세계 속에 유래 없는 눈부신 부흥을 경험한 것이다. 제자 양성의 전성시대를 이루고 선교 강국으로 급부상되었다.

그러나 경제 성장과 교회의 양적 부흥과 더불어 점차 영적 근육이 약해지기 시작했다. 물질주의와 세속화로 신앙의 야성이 사라져가고 거룩한 영향력을 끼칠 힘이 부족하게 되었다. 물질의 축복과 문제 해결 중심의 신앙생활의 한계에 봉착하게 된 것이다. 문제 해결 중심의 은혜 체험으로는 강한 군사로 성장하기에 부족하다.

은혜 속에서 강한 삶을 살기 위해서는 하나님과 친밀하고 깊이 있는 교제의 삶이 필요하다. 그리스도의 강한 군사가 되기 위해서는 예수님을 인격적으로 체험하는 은혜의 자리로 나아가야 한다. 날마다 예수님께 나아가 풍성한 꿀을 먹는 삶을 누려야 한다. 구원의 문 되신 예수님께 들며 나며 꿀을 얻은 삶을 통해 은혜 안에 강한 삶을 살아갈 수 있다. 문밖에 계신 예수님을 안으로 모셔 드리고 예수님과 함께 떡을 떼고 잔을 나눌 때 은혜 속에서 강한 자가 될 수 있다.

> 볼지어다 내가 문 밖에 서서 두드리노니 누구든지 내 음성을 듣고 문을 열면 내가 그에게로 들어가 그와 더불어 먹고 그는 나와 더불어 먹으리라(계 3:20).

'저 장미꽃 위에 이슬'(새찬송가 442장)이라는 찬송가에서는 주님과의 친밀한 교제 속에서 오는 기쁨을 다음과 같이 표현하고 있다.

> 주님 나와 동행을 하면서
> 나를 친구 삼으셨네
> 우리 서로 받은 그 기쁨은 알 사람이 없도다!

이 구원의 기쁨, 주님과의 교제의 기쁨을 맛보고 누리는 자, 그가 그리스도의 강한 군사로 세워 지게 될 것이다.

또한, 부르심의 은혜를 기억하고 순종할 때 강한 그리스도의 군사로 설 수 있다.

하나님께서는 이스라엘 백성들을 제사장 나라로 택하여 부르셨다. 이때 400년간 노예 백성이었던 그들이 애굽 왕 바로의 손에서 벗어나 홍해를 육지 같이 건너게 된다. 요단강을 건너 가나안 땅에 이르러서는 무기 하나 사용하지 않고 난공불락의 성, 여리고 성을 무너뜨린다.

갈대아 우르 지방의 촌부 아브람은 하나님의 부르심을 통해 열국의 아비 아브라함으로 서게 되고 믿음의 조상이 된다.

하나님께서는 미디안의 침략 속에서 포도주 틀에 숨어 타작하던 기드온을 부르신다. 하나님께서 두려움 가운데 있던 미약한 기드온을 큰 용사로 부르셨을 때, 300명의 용사로 135,000명의 미디안 군대를 물리치는 강한 군사로 쓰임 받는다.

갈릴리 바닷가에서 고기 잡는 어부였던 시몬은 예수님의 제자로 부름을 받아 시몬에서 베드로로 사람 낚는 어부로 쓰임 받게 된다.

핍박자 사울은 다메섹 도상에서 빛 되신 예수님을 만난 후 이방인의 사도로 부름을 받아 그리스도의 강한 군사로 쓰임 받게 된다.

우리에게도 하나님께서 구원의 은혜와 부르심의 은혜를 부어 주셨다. 우리 각자를 왕 같은 제사장으로 부르셨다.

> 그러나 너희는 택하신 족속이요 왕 같은 제사장들이요 거룩한 나라요 그의 소유가 된 백성이니 이는 너희를 어두운 데서 불러 내어 그의 기이한 빛에 들어가게 하신 이의 아름다운 덕을 선포하게 하려 하심이라(벧전 2:9).

우리가 구원의 은혜와 부르심의 은혜를 기억하고 하나님을 찬양할 때 강한 하나님의 군대로 서게 될 것이다.

찬양은 대적들을 물리치고 하나님의 승리를 가져오는 위대한 능력이 있다. 찬양은 영을 깨우고 인생을 역전시키는 능력이 있다. 마땅히 빌 바를 모를 때 올려지는 찬양은 곡조 있는 기도가 되어 상달된다.

나는 하나님께 물질의 훈련을 받을 때, 사방을 보아도 답이 나오지 않고 기도조차 나오지 않는 답답한 상황에서 '나를 구원하실 이 예수 밖에 없네'(새찬송가 544장 〈울어도 못하네〉 가사 중 일부) 라는 찬송을 매 순간 말할 수 없는 탄식으로 부른 적이 있다.

찬송은 나에게 하나님께 상달되는 기도가 되고 승리의 개가가 되었다. 사방이 막힌 터널을 지나는 것 같았으나 하나님께서는 찬송 중에 고난을 통과하게 하시고 승리의 길을 예비해 주셨다.

바울과 실라는 2차 선교 여행 중에 심한 매를 맞고 빌립보 감옥에 갇히게 된다. 바울과 실라가 귀신 들려 점치는 여종을 치료해주자 돈벌이가 사라진 여종의 주인이 바울과 실라를 고소했기 때문이다. 이때 바울과 실라는 감옥에서 밤중에 기도하고 하나님을 찬양했다. 그러자 옥터가 움직이고 문이 열리고 매인 것이 풀어지는 역사가 일어나게 되었다.

이처럼 찬양은 막힌 담을 헐고 닫힌 문을 열리게 하고 매인 것이 풀어지게 하는 능력이 있다.

> 한밤중에 바울과 실라가 기도하고 하나님을 찬송하매 죄수들이 듣더라 이에 갑자기 큰 지진이 나서 옥터가 움직이고 문이 곧 다 열리며 모든 사람의 매인 것이 다 벗어진지라 (행 16:25-26).

암몬과 모압과 마온이라는 세 나라의 침략을 받은 유다의 여호사밧왕은 진퇴양난의 상황에서 하나님을 찬양하는 찬양대를 군대 앞에 세우고 하나님을 찬양하며 전진한다. 찬양이 시작되자 그 시점에 하나님께서는 복병을 두어 적들끼리 서로 진멸당하게 만드셨다. 이에 유다 백성들은 싸우지 않고 승리하게 된다. 이처럼 찬양이 시작될 때, 큰 소리로 찬양이 울려 퍼질 때 하나님께서는 복병을 붙여 주신다. 복병은 눈에 보이지 않는 군사이다.

우리가 찬양할 때 복병같이 눈에 보이지 않는 군사, 천군 천사가 동원되고 하나님의 강한 군대로 승리하게 된다. 예수님의 은혜 안에서 강함을 입은 자들은 많은 증인 앞에서 내게 들은 바를 충성된 자들에게 부탁하라고 말씀하고 있다. 바울에게 전해 들은 복음은 디모데를 통해 충성된 자들에게 다시 전수되어야 한다.

디모데후서 3장에 보면 디모데가 사역할 당시 사람들의 상태에 대해 자세히 기록하고 있다.

사람들은 자기를 사랑하고 돈을 사랑하고 부모를 거역한다. 권위와 질서가 무너진 시대, 인간성 상실의 시대에 믿음을 지키고 복음을 전파하기 어려운 시대를 돌파해 낼 해법으로 충성된 자들에게 복음을 부탁하라고 말씀하신다. 실력 있는 사람이나 능력 있는 사람에게 복음을 전하라고 부탁하라는 것이 아니라 충성된 자들에게 부탁하라고 말씀하신다.

우리도 실력 있고 대단한 사람은 못 되어도 충성된 사람은 될 있다. 하나님께서는 충성된 자들에게 복음을 부탁하라고 명령하고 있다. 우리가 복음의 전달자로서의 사명을 감당하기 위해서는 그리스도의 은혜 안에서 강해져야 한다. 기도가 연약해졌다면, 섬김이 연약해졌다면, 감사가 연약해졌다면 우리는 다시 정신을 차리고 일어서야 한다. 사단 마귀가 우는 사자처럼 삼킬 자를 찾듯이 두루 다니는 이때 우리 자녀들을 지켜 내고 성도들을 지켜 내고 교회를 지켜 내기 위해 은혜 안에 강한 자로 다시 일어서야 한다.

과거에 기도 많이 했다고, 성경 많이 읽었다고 간증하지 말고 이제부터 다시 우리 자신을 추스르고 일어나 그리스도의 강한 용사로 일어서야 한다. 그리고 우리 자신이 충성된 자들이 되어 복음을 들고 가정으로 직장으로 지역사회로 나아가야 한다.

충성된 자들을 일으켜 세우는 주의 일꾼들이 되어야 한다.
인생의 목적과 우선순위가 주님께 있는 자를 충성된 자라고 말하고 있다. 우리가 복음을 부탁받은 자라면 병사와 같이 자기 생활에 우선순위를 두지 말고 하나님께 우선순위를 두어야 한다.
그리고 하나님을 기쁘시게 하는 일에 인생의 목적을 두어야 한다. 병사로 복무하는 자는 자기 생활에 매이지 않고 병사로 모집한 자를 기쁘시게 하는 자이다.

복음을 부탁받을 만한 충성된 자는 경기하는 자와 같이 최선을 다하되 법대로 경기하는 자라야 한다. 하나님께 드리는 것은 적당한 것이 아니라 최선의 것 최고의 것을 드려야 한다. 그리고 최선을 다하고 좋은 것을 드려도 자기가 기준이 되면 안 되고 하나님의 말씀과 뜻에 어긋나지 말아야 한다. 열심을 드리지만, 하나님의 뜻 보단 자기의 뜻과 규정을 앞세우게 되면 열심히 헌신하고도 하나님께나 교회에 부담을 끼치는 일도 있다.

바리새인들은 율법을 내세워 열심히 경기했지만 하나님의 원하시는 기준에는 이를 수 없었다. 그들의 최선과 열심이 오히려 하나님을 대적하고 복음을 가로막는 열심이었다. 자기 열심과 생각으로 싸우는 자가 아니라 하나님의 뜻 안에서 세워 지는 군사 되길 소망한다.

군사로 부르심을 받은 자는 자기 생활에 얽매이지 않고 복음과 함께 고난받는 자이다. 우리 자신이 예수 그리스도의 은혜 속에서 강한 자가 되고 구원의 은혜와 부르심의 은혜를 입은 수많은 성도가 그리스도의 좋은 군사로 세워 질 수 있길 소망한다.

제16장

므두셀라의 자리 지킴
(떠나야 할 때와 머물 때)

하나님께서는 각각 피조물마다 처소를 지정해 주심으로 창조 질서를 세워 주셨다. 궁창을 지으시고 하늘에 새가 날게 하셨다. 드넓게 펼쳐진 궁창 안에서 새들은 무한한 자유를 누리며 날갯짓을 할 수 있다. 각기 그 종류대로 창조하심으로 종과 종의 경계와 구분을 두셨다. 사람을 창조하신 후에는 안식일과 선악과를 구별해 두셨다.

죄는 헬라어로 '과녁에서 빗나간다'라는 뜻의 하마르티아(ἁμαρτία)이다. 이처럼 과녁을 빗나가는 것이 죄이고, 하나님께서 세우신 처소를 이탈하는 것이 죄이다.

자기 처소를 떠난 천사가 곧 사탄이요 마귀이다. 생각할 분량 이상의 것을 생각하는 것이 곧 교만이다. 하나님이 정해 준 처소를 떠나는 것은 모든 죄의 시발점이 된다. 마지막 시대 종말의 때는 하나님께서 정해주신 처소와 명분을 지켜 내는 것이 매우 어려운 시대이다.

예수님이 십자가에 못 박혀 죽으신 후 베드로와 제자들은 두려움과 실패의 자리였던 예루살렘을 떠나 갈릴리로 낙향하게 된다. 사명을 버리고 생업을 위해 생활 전선에 뛰어든 제자들은 밤새도록 수고의 그물을 내렸으나 빈 그물만 건질 뿐이었다.

부활하신 후 갈릴리 바닷가로 찾아오신 예수님은 지치고 낙망한 제자들에게 물으신다.

> 너희에게 고기가 있느냐?(요 21:5)

> 배 오른편에 던지라!(요 21:6)

지치고 낙망한 제자들이 예수님의 말씀대로 순종하자, 잡힌 물고기가 많아져 그물이 찢어질 정도가 되었다. 제자들의 실패를 만회해 주신 부활하신 예수님은 그 새벽 갈릴리 바닷가에서 숯불을 피워 생선을 구워 놓으시고 베드로와 제자들을 초청하신다.

> 와서 조반을 먹으라(요 21:12).

베드로는 과거를 묻지 않고 아무 조건 없이 부르시는 예수님의 초청 앞에서 완전한 용서와 회복을 경험하게 된다. 그리고 이제 더 이상 낙심과 패배의 자리에 머물러 있지 않고 부활하신 예수님의 온전하신 사랑을 힘입어 예루살렘을 향해 사명의 발걸음을 옮긴다.

갈릴리 바닷가의 고기 잡는 어부에서 사람 낚는 어부로서 출발하는 역사적인 순간이 펼쳐진 것이다.

베드로는 예루살렘에서 성령으로 충만함을 덧입고 두려움 없고 거침없는 부활의 증인으로 서게 된다. 그곳에서 선포되는 베드로의 복음으로 하루에 3,000명, 5,000천 명씩 회개하고 돌이키는 역사에 쓰임 받게 된다.

므두셀라의 처소는 마을 입구의 창 던지는 자의 자리이다.

므두셀라가 마을 입구의 창 던지는 자의 처소를 벗어날 때 어떤 일이 벌어지겠는가?

단창을 들어 목표물을 정확히 분별하고 방향을 제시해 주지 못할 때 어떤 일이 벌어지겠는가?

말라기 4:5에는 "그가 아버지의 마음을 자녀에게로 돌이키게 하고"라는 말씀이 나온다. 아버지의 마음을 자녀에게 돌이키게 한다는 말씀은 아버지들의 마음이 자녀에게 있지 않았다는 것이다.

또한, 이사야 49:15은 "여인이 어찌 그 젖 먹는 자식을 잊겠으며 자기 태에서 난 아들을 긍휼히 여기지 않겠느냐 그들은 혹시 잊을지라도 나는 너를 잊지 아니할 것이라"라고 했다. 이는 젖먹이는 어미의 마음은 젖을 먹고 있는 아기에게 있어야 함이 마땅하다는 것이다. 또한, 그 어미가 젖먹이 자녀를 잊어버릴 수도 있다는 것이다.

> 여인이 어찌 그 젖 먹는 자식을 잊겠으며 자기 태에서 난 아들을 긍휼히 여기지 않겠느냐 그들은 혹시 잊을지라도 나는 너를 잊지 아니할 것이라(사 49:15).

종말의 때가 다가올수록 '자리 지킴'이 어려워질 것이다. 가정에서 부모의 자리지킴이 없어질 때 어떤 일들이 벌어질까?

창세기 6:1은 홍수심판으로 세상이 멸망하게 된 원인을 '자기들이 좋아하는 모든 사람으로 아내를 삼는' 성적 타락과 가정파괴로 기록하고 있다. 가정의 울타리가 무너진 사회는 여자와 아이들이 보호받기 어렵고 치안이 무너진 무법천지가 된다.

므두셀라가 홍수심판으로부터 세상을 구해 내는 해법도 가정과 자녀를 지켜 내는 것에서 출발한다. 므두셀라의 자리 지킴은 홍수심판으로부터 노아와 그 자녀들을 구해 낸다. 노아의 일가족 8명은 남은 자가 되어 홍수심판으로 멸망에 처한 세상을 구해낸다.

이현수 박사의 『하루 세 시간 엄마 냄새』에서는 저자가 상담 현장에서 경험한 여러 에피소드를 소개하며 유아기의 결정적 시기에 애착 관계 형성을 위한 엄마(주 양육자)와의 질적인 놀이시간을 강조하고 있다. 유아기의 결정적 시기에 엄마의 자리지킴의 중요성에 대한 역설(力說)이라 여겨진다.

말세에는 사람들이 사랑이 식어질 것이며 무정하고 무자비하고 사나우며 원통함을 풀지 아니하는 현상들이 나타나게 될 것이라고 말씀하고 있다. 말세에 나타나게 될 사람들의 성품들이 부모의 자리 지킴의 무너짐과 무관하지 않을 것이다.

> 불법이 성하므로 많은 사람의 사랑이 식어지리라(마 24:12).

> 무정하며 원통함을 풀지 아니하며 모함하며 절제하지 못하며 사나우며 선한 것을 좋아하지 아니하며(딤후 3:3).

우리 각자에게는 부르심의 자리가 있다.
어떤 이는 사도로, 어떤 이는 복음 전하는 자로, 어떤 이는 교사로 각각 부르시고 은사를 부어 주셨다. 어떤 이는 예배팀에서, 어떤 이는 성가대에서, 어떤 이는 주일학교에서 각각 자리를 지키며 하나님을 섬길 수 있도록 자리를 정해주셨다.

하나님께서 우리에게 정해주신 각자의 처소를 기억하고 지켜내는 믿음이 필요하다. 우리가 하나님께서 정해주신 처소를 이탈하지 않고 지켜 낼 때 안전과 승리도 보장될 수 있을 것이다.

하나님께서는 75세 된 아브라함에게 "본토 친척 아비 집을 떠나라"고 명령하신다. 그리고 하나님께서 "지시하실 땅으로 가라"고 하신다. 신앙생활의 출발은 '떠남'에서 시작된다. 혼돈과 공허와 흑암이 깊음 위의 자리에서 하나님의 말씀으로 세워진 빛의 질서 가운데로 자리 이동이 필요하다.

『천로역정』의 '크리스천'의 여정도 장차 하늘에서 불이 쏟아져 멸망하게 될 성읍을 떠나는 것으로부터 시작된다. 형을 속여 장자의 축복을 가로챈 야곱은 자신을 죽이려는 에서를 피해 밧단아람까지 먼 여정을 떠나게 된다.

이처럼 신앙의 길을 출발한 믿음의 거장들은 실수와 허물도 있었지만 인생의 항로에서 결정적으로 하나님의 출발과 멈춤 신호에 믿음으로 반응하고 순종하였다.

하나님이 머물라 하시는 자리에서 멈추어 섰고 하나님이 떠나라 하신 자리에서 일어나 돌이켜 출발하였다. 하나님의 은혜로 거부가 된 야곱은 군사 사백 명을 거느리고 야곱을 해하러 오는 에서의 위협에서 벗어나 무사히 가나안 땅에 도착하였다.

그렇지만 야곱은 하나님과의 약속의 장소 벧엘로 올라가지 않고 세겜 땅에 머물며 안위를 도모하려 한다.

그러나 가장 안전한 장소는 하나님께서 머물기 원하시는 장소로의 '이동'이다. 야곱의 딸 디나는 세겜 땅 여자들에 대한 호기심으로 세겜 시내 핫 플레이스로 나갔다가 그 땅 추장 아들에게 겁탈당한다. 이 사건으로 인해 야곱의 아들들이 그 땅 사람들에게 큰 살육을 저지르고 나서야 야곱은 그 땅 거민들의 보복을 두려워하여 하나님과 약속이 있는 땅 벧엘로 올라가게 된다.

베들레헴 땅에 기근을 만난 나오미의 가족은 모압 땅으로 내려가는 선택을 하게 된다. 그들이 하나님께서 머물기 원하시는 약속의 땅을 등지고 떠났을 때 잠시 잠깐 목을 축일 음식을 구할 수는 있었다. 그러나 그 땅의 비옥한 양식의 대가는 남편과 두 아들의 죽음으로 이어지게 된다.

기근을 피하여 모압 땅으로 내려간 나오미는 남편과 두 아들이 죽고 나서야 생명의 양식이 있는 베들레헴으로 돌아가고자 결단한다. 베들레헴은 여전히 나오미 앞에 기근의 문제가 당면해 있고 장래의 보장이 불확실한 곳이다.

그러나 베들레헴은 영적인 공급이 있는 땅이요. 하나님을 의지하며 믿음으로 살아내야만 하는 땅이다. 나오미가 믿음으로 결단하고 베들레헴으로 돌아갈 때 이방 여인인 며느리 룻이 이 믿음의 여정에 합류하게 된다. 하나님께서는 남편과 두 아들을 잃은 천애의 과부 나오미의 인생을 섬세하게 인도해 주신다.

이뿐 아니라 장자권이 무너졌던 그의 가문에 다윗왕가와 메시아의 계보를 잇게 되는 놀라운 축복을 부어 주신다. 믿음의 조상들의 머물기와 떠남의 여정을 볼 때 믿음의 사람 자리 지킴이 어떠해야 하는지 명확해진다.

하나님이 명하시는 곳이 아닌 곳에 머물게 되거나 떠나야 할 때 우물쭈물하는 이유는 하나님의 뜻이 아닌 이해관계 중심으로 움직이기 때문이다.

그러나 하나님의 사람은 반드시 하나님의 뜻과 명령에 따라 움직여야 한다.

> 도움을 구하러 애굽으로 내려가는 자들은 화 있을진저 그들은 말을 의지하며 병거의 많음과 마병의 심히 강함을 의지하고 이스라엘의 거룩하신 이를 앙모하지 아니하며 여호와를 구하지 아니하나니 여호와께서도 지혜로우신즉 재앙을 내리실 것이라(사 31:1-2상).

기근의 때에 애굽으로 도움을 구하러 가는 연약하고 무지한 신앙이 되지 말아야 한다. 믿음의 조상들에게 예루살렘과 베들레헴은 기근이 왔다고 떠나서는 안 되는 곳이다. 기근이 와도 이곳에서 하나님의 구원하심과 회복의 역사를 체험해야 하기 때문이다. 잠시 목을 축일 양식을 구할 수 있을지 몰라도 택하신 자들에게 애굽의 도움은 무익하다. 하나님을 떠난 자리에서의 형통은 오히려 저주가 될 수 있다.

나오미와 같이 베들레헴 땅을 떠나 눈에 보이는 양식을 쫓아갈 때 뼈아픈 시행착오를 겪을 수가 있다. 기근을 만나서도 하나님이 원하시는 그 자리에 머무르게 된다면 바로 그 자리가 하나님을 경험하고 체험하는 자리가 될 것이다. 그 자리가 하나님의 기적과 축복을 체험하는 구원의 자리가 될 것이다.

이삭은 흉년이 들자 양식을 구하러 애굽으로 내려가지 않고 하나님의 지시를 따라 그랄 땅에 거하게 된다. 하나님께서 지시하신 대로 양식을 구하러 애굽으로 가지 않고 그랄에 거한 이삭은 그 땅에서 농사하여 흉년의 때에도 백배의 수확을 거두게 된다.

사사기의 이스라엘 백성들은 자기 소견에 옳은 대로 움직인다. 그러나 떠나고 머무는 것의 명분이 이해관계에 있지 않고 하나님의 뜻과 명령에 있어야 함을 알 수 있다.

자리 이동과 떠남은 곧 하나님의 부르심에서 출발하여야 한다. 히브리인을 괴롭히는 애굽 사람을 죽인 후 미디안 광야로 도망쳐 살았던 모세는 하나님의 명령에 따라 다시 광야에서 애굽으로 길을 떠나게 된다. "입이 둔하여 갈 수 없다"는 모세에게 말에 능한 모세의 형 아론을 동역자로 붙여 주시고 출애굽의 사명을 감당케 하신다.

하나님께서는 예레미야를 모태에서부터 성별하여 여러 나라의 선지자로 택하셨다(렘 1:5). 그리고 누구에게 보내든지 너는 가라고 명령하신다. 하나님의 부름 앞에서 어리다고 반응하는 예레미야에게 "너는 아이라 말하지 말라"(렘 1:7)고 하신다.

하나님의 시대적 요청과 부르심 앞에 누구도 부족하다 어리다 주저앉아 있을 수 없다. 신앙생활은 장소의 떠남뿐만 아니라 죄악에서의 떠남이 있어야 한다. 청년의 정욕을 피해야 한다. 얽매이기 쉬운 죄를 벗어 버리고 믿음의 경주를 떠나야 한다.

시편 1편은 복 있는 사람은 "오만한 자의 자리에 앉지 아니하며 죄인의 길에 서지 아니하고 악인의 꾀를 쫓지 않는 자"라 말씀하고 있다.

마지막이 가까울수록 '자리의 선택'이 중요하다. 악인의 자리에 있던 자들은 속히 자리 이동을 해야 할 것이다. 하나님의 회중에 속해 있는 자들은 절대로 그 자리를 이탈하거나 빼앗겨서는 안 된다.

추수 때가 되면 자리의 대이동이 있을 것이다.

할 수만 있으면 믿는 자들도 미혹하여 믿음의 자리에서 떠나는 일이 만연해질 것이다. 말세에는 성도들이 예수 믿는 신앙을 지켜 내고자 할 때 핍박과 어려움을 당하게 될 것을 예언해 주시고 있다.

생각해 보라!

'예수 믿고 축복받으라'는 메시지에도 반응하지 않는 사람들이 많은데, '예수 믿고 고난을 받으세요.

예수 믿고 환란당하세요'라고 하면 남겨질 자가 얼마나 있겠는가?

그러나 점점 예수 믿기 어려워지고 예수 믿으면 핍박과 손해를 보아도 알곡 된 신자들은 하나님께 가까이 나아가야 한다. 키질도 하면 할수록 알곡은 가까이 모이고 쭉정이는 멀리 날아가게 되어 있다. 우리는 정신을 차리고 끝날이 다가올수록 주님께 가까이 나아가야 하고 주님이 지정해 주신 생명의 자리를 목숨과 같이 소중하게 지켜 내야 한다.

떠나야 할 곳과 머물러야 하는 장소를 분별하기 위해서는 기도해야 한다. 영적인 분별력이 없으면 자기 소견에 옳은 대로 행로를 정하고 움직이게 된다.

코로나 팬데믹으로 많은 성도가 교회에서 이탈되고 문을 닫는 교회들이 늘어났다고 한다. 이것은 정말 가벼운 하나님의 키질일 수 있다. 구원의 문이 닫히기 전에 창고에 알곡을 모두 들이기 전에 악착같이 성도의 자리를 지켜 내야 한다.

성도의 자리를 지켜 내기 위해 주님께서는 성전 중심의 신앙생활을 명하고 계신다. 환란 날이 다가올수록 집안의 물건과 이 땅에 쌓아둔 것들에 연연해서는 안 된다. 겉옷을 가지러 뒤로 돌이키지 말아야 한다. 그 때에는 "산으로 도망하라" 말씀하신다.

> 그 때에 유대에 있는 자들은 산으로 도망할지어다 지붕 위에 있는 자는 집 안에 있는 물건을 가지러 내려 가지 말며 밭에 있는 자는 겉옷을 가지러 뒤로 돌이키지 말지어다(마 24:16-18).

여기서 "산"은 하나님의 성산, 하나님의 성전을 의미한다.

죄인들이 도피성으로 도망하여 안전을 도모할 수 있는 것처럼 환난이 다가올수록 성전에 모이기를 힘쓰고 성전 중심의 신앙을 가져야 한다는 것이다.

그런데 코로나19가 확산하면서 2년여 동안 성전 중심의 예배와 집회가 금지되었다. 아직도 코로나19가 종결되지 않았지만 종교 집회의 자유가 보장되도록 제한들이 완화되었다. 그러나 이런 기회가 계속 보장되리라고는 장담할 수 없다.

구원의 문이 닫히기 전 믿는 자들을 아버지 집으로 불러 모으시는 마지막 기회가 될 수도 있다. 그러기에 때를 얻든지 못 얻든지 온 힘을 다하여 영혼들을 초청하고 인도해야 한다고 믿어진다.

마지막 때일수록
기도의 자리!
예배의 자리!

섬김의 자리를 지켜 내야만 한다.

한국 사회는 최근 갈라치기의 영이 강하게 역사하고 있다. 진영과 세대가 첨예하게 나뉘어 갈등하고 있다. 전 세계적으로도 공산주의와 자유주의 체제의 신 냉전 시대가 펼쳐지고 있다.

종말의 때에는 양과 염소가 나뉘게 될 것이다. 예수 믿는 자와 믿지 않는 자가 나뉘고 구별될 것이다. 죄 가운데 있는 자와 죄 용서받은 자가 확연히 구별되고 나뉘게 될 것이다. 모든 사람은 누구도 예외 없이 어느 자리에 서야 할지를 결정해야 한다.

그 선택은 오직 우리가 살아 있는 동안, 예수 그리스도께서 재림하기 이전에만 가능하다. 구원의 문이 닫힌 후에는 그 누구도 자신의 선택을 돌이킬 수 없다.

자신의 선택에 따라 어떤 이는 천국으로, 어떤 이는 지옥으로 가게 될 것이다.

제17장

므두셀라의 창 끝

므두셀라의 창 끝은 홍수심판을 넘어 천성문을 가리킨다.

므두셀라의 창 끝은 예수 그리스도를 가리킨다.

이스라엘 백성들에게는 하나님께 대한 특별한 서사와 영웅담이 있다.

추격해 오늘 바로의 군대를 뒤로 하고 홍해 앞에 다다랐을 때, 진퇴양난-절체절명의 순간에 그들 모두는 홍해가 갈라져 육지 같이 건너는 기적을 체험했다.

광야를 지나며 하늘에서 내려오는 만나를 먹었고, 불기둥과 구름 기둥으로 보호하시고 인도하시는 하나님의 권능도 체험했다.

그런데 그 엄청난 기적의 현장에 있었던 그들 다수를 하나님은 기뻐하지 않으셨고, 결국 그들은 약속의 땅 가나안에 입성하지 못하고 광야에서 멸망 받았다고 말씀하고 있다.

> 형제들아 나는 너희가 알지 못하기를 원하지 아니하노니 우리 조상들이 다 구름 아래에 있고 바다 가운데로 지나며 모세에게 속하여 다 구름과 바다에서 세례를 받고 다 같은 신령한 음식을 먹으며 다 같은 신령한 음료를 마셨으니 이는 그들을 따르는 신령한 반석으로부터 마셨으매 그 반석은 곧 그리스도시라 그러나 그들의 다수를 하나님이 기뻐하지 아니하셨으므로 그들이 광야에서 멸망을 받았느니라(고전 10:1-5).

신앙생활을 하는 우리 각자에게도 크고 작은 하나님을 체험한 간증거리와 영웅담들이 있을 것이다. 그러나 이러한 체험적 신앙이 있다고 해도 이 믿음이 자기 자신과 행위에 기초해 있다면 하나님 나라에 합당치 않다. 물질 축복, 취업, 성공, 자녀의 축복 등 이 땅의 것과 자기중심적인 서사에 머물러 있어서는 안 되는 이유이다.

문제 해결 중심의 기도와 소원하는 것을 얻어 내는 방식의 신앙 패턴에서 벗어나 더 큰 은혜를 사모하며 완전하신 예수님께로 나아가야 한다.

이스라엘의 사십 년 광야 생활의 최종 목적지는 약속의 땅 가나안이다. 이스라엘 백성들이 드리는 제사와 예배의 하이라이트는 여호와 하나님과의 만남이다.

살진 소와 번제를 드린다고 할지라도 하나님과 만남이 없는 제사 하나님께 열납 되지 않는 예배는 무익하다. 하나님께서 아벨과 그의 제사는 받으셨으나 가인과 그의 제물은 받지 않으셨다. 예배에 실패한 가인이 분노를 가라앉히지 못하고 동생 아벨을 죽인 것을 볼 때 가인이 드린 제사는 자기 의로 가득했던 제사임을 알 수 있다. 이와 같은 자기 의로 드려지는 제사는 하나님께 상달되지 못할 뿐 아니라 하나님과 원수가 됨을 알 수 있다.

인간의 노력으로 성과 대를 쌓아 하늘에 닿으려는 삶이 얼마나 어리석고 교만한 삶인지 바벨탑 사건을 통해서도 알 수 있다. 하나님을 등진 사람들은 하늘을 찌를 듯 치솟은 바벨에 막대한 자산과 시간과 인력을 투입했을 것이다.

그러나 그 거대한 성은 마침내 부도 처리된 건물처럼 공사가 중단되고 허물어지고 만다. 자기 이름을 내고자 하는 삶 신앙의 기반이 자기만족에 머물러 있는 삶이 이와 같을 것이다. 자기의 힘과 재능을 의로 삼아 사는 인생은 하나님의 진노와 불 심판을 견뎌 낼 수가 없다. 그 스펙이 아무리 화려해도 천국까지는 도달할 수 없다.

> 만일 누구든지 금이나 은이나 보석이나 나무나 풀이나 짚으로 이 터 위에 세우면 각 사람의 공적이 나타날 터인데 그 날이 공적을 밝히리니 이는 불로 나타내고 그 불이 각 사람의 공적이 어떠한 것을 시험할 것임이라(고전 3:12-13).

자기 의로 가득했던 가인의 분노는 예수님 당시 경건주의자였던 바리새인들을 통해서도 동일하게 드러난다.

인간적으로 볼 때 그들의 신앙생활은 얼마나 철저하고 흠잡을 데가 없어 보이는가?

그들의 헌금 생활, 주일성수, 기도 생활 등을 볼 때 웬만큼 믿음이 있다 하는 사람들도 범접하기 힘든 신앙생활처럼 보였을 것이다. 이들은 종교 지도자로 교회의 중직을 맡고 목회자들에게도 무한 신뢰를 받는 성도였을 것이다.

그러나 예수님께서는 이들에게 "독사의 자식들, 회칠한 무덤" 등의 거친 표현을 서슴지 않고 있다. 이들이 보기에는 새로 부임한 젊은 목회자 격인 예수님이 감히 자신들의 신앙적 근간을 부정하고 뒤흔드는 것에 대해 분개하였다.

그리고 가인이 동생 아벨을 돌로 쳐 죽임같이 하나님의 아들 예수 그리스도를 십자가에 처참하게 못 박아 죽이고야 만다. 자기 의와 자기중심적인 신앙생활이 이처럼 무서운 것이다.

신앙생활에서 이 정도면!
나 정도면 괜찮다는 안도와 만족이 내 안에 있지는 않은가?
다른 사람과 교회에 대한 정죄와 판단이 내 안에 있지는 않은가?

'자기 의'에 기초한 신앙생활은 언제라도 살기등등한 가인의 분노로 표출될 수 있음을 명심해야 한다. 하나님의 아들 예수 그리스도를 겁 없이 십자가에 내주고 못 박는 행위가 될 수 있음을 잊지 말아야 한다.

한밤중에 예수님을 찾아온 유대인의 관원이었던 니고데모에게 예수님께서는 "사람이 거듭나지 않으면 하나님 나라를 볼 수 없다"고 말씀하셨다.

수십 년 동안 신앙생활을 하면서 율법을 흠없이 지켜 내고 있는 자에게 거듭나지도 않았다고 하면 그 충격이 얼마나 컸겠는가?

누구보다 성경에 통달해 있고 명망 높은 종교 지도자의 자리에 있는 자에게 천국에 못간다고 하면 얼마나 당황스럽겠는가?

그러나 하나님께서 인정하시는 신앙 경로에서 이탈해 있다면 자신이 어떤 위치이든, 어떤 업적을 쌓아왔던, 그 길에서 돌이켜 궤도 수정해야 한다. 하나님 앞에서 자신을 돌아보고 말씀 앞에 자신을 굴복시켜야 한다.

> 하나님 나라를 보는 것!
> 하나님 나라에 들어가는 것!
> 이것이 신앙생활의 궁극적인 목표이다.

제사 의식의 최종 목적지는 사람들이 많이 모이는 성전 뜰이 아니다. 번제단과 물두멍을 거쳐 성소로 나아가고 마침내 지성소에 이르러 하나님의 임재 안에서 하나님을 만나는 것이다.

구하고 찾고 두드리는 기도 생활의 목적도 하나님의 응답을 넘어 하나님 자신을 경험하는 데 있다. 기도는 살아 계신 하나님 그분을 체험하고 풍성하신 하나님의 사랑을 경험하는 데까지의 여정이다.

> 이는 너희가 대대로 여호와 앞 회막 문에서 늘 드릴 번제라 내가 거기서 너희와 만나고 네게 말하리라(출 29:42).

이처럼 신앙생활의 최종 목적은 하나님과의 만남과 사귐이며 마침내는 영원한 도성 천국으로의 입성이다.

그러기에 우리의 믿음을 구원받은 순간뿐 아니라 천국 입성하기까지 지켜 내야만 한다. 그래서 사도바울은 그의 신앙 말년에 나의 달려갈 길을 다 가고 믿음을 지켰다고 고백하고 있다.

> 나는 선한 싸움을 싸우고 나의 달려갈 길을 마치고 믿음을 지켰으니 (딤후 4:7).

므두셀라가 창을 들고 마을 입구에서 부족을 지키는 것과 같은 광경이 가나안 정복 시 아이성 전투에서도 나타난다. 하나님께서는 여호수아에게 단창을 들어 아이를 가리키라 명령하신다.

> 네 손에 잡은 단창을 들어 아이를 가리키라 내가 이 성읍을 네 손에 넘겨 주리라 여호수아가 그의 손에 잡은 단창을 들어 그 성읍을 가리키니 (수 8:18하).

여호수아는 백성들에게 분명한 목표와 비전을 제시하기를 단창을 들어 아이를 가리키며 그 싸움에서 이길 때까지 계속한다.

> 아이 주민들을 진멸하여 바치기까지 여호수아가 단창을 잡아 든 손을 거두지 아니하였고(수 8:26).

이스라엘 백성들이 하나님께서 약속하신 가나안 땅을 점령하기 위해서는 반드시 아이 성도 점령해야만 한다. 애굽으로부터 해방되어 출애굽한 것으로 난공불락의 성, 여리고성을 점령하는 것으로 이들의 사명이 완성된 것이 아니다.

여호수아는 가나안 정복 전쟁에서 이스라엘 백성들에게 무엇을 공격해야 하는지 정확하게 방향을 제시했다.

우리가 들고 싸워야 할 단창의 끝도 정확하게 흔들림 없이 천국문을 향해 있어야만 한다. 하나님의 얼굴을 구하는 데 있어야 한다.

자신과 땅의 것에 소망과 목적이 있다면 미련 없이 돌이켜야 한다. 세상 끝날까지 믿음을 지키고 의의 면류관을 받기 위해 달려가야 할 것이다.

창 던지는 자는 무엇을 향해 싸워야 하는지 영적 분별력을 가져야 한다. 열심을 내는 것도 중요하지만 과녁을 정확히 관통하는 방향도 중요한 것이다. 목표를 관통하는 창을 던지기 위해서는 성령의 인도함 받는 삶이 필요하다.

예수님 탄생 당시 동방 박사들은 별의 인도를 따라 아기 예수님께 경배하고자 길을 떠난다. 그러나 예루살렘에 도착하여 별의 인도를 따르지 못하고 헤롯 왕궁으로 입성하게 된다. 과녁을 빗나간 화살처럼 번지수가 전혀 다른 곳에서 복음을 찾게 된 것이다. 선지자와 율법의 예언대로 베들레헴 마굿간에 나신 예수님을 예루살렘의 헤롯 왕궁에서 찾는 헤프닝이 벌어진 것이다.

결국 처음 출발할 때 의도와는 달리 중간에 별의 인도를 받지 못하고 자기 열심과 생각대로 움직인 동방박사들로 인해 헤롯왕의 끔찍한 유아 학살이 이루어지는 결과를 초래하게 된다.

성령의 인도를 따라 신앙생활을 시작한 우리도 궤도를 이탈하여 헤롯의 궁궐에서 왕을 찾고 있지는 않은지 늘 점검해 보아야 한다.

우리가 과녁을 관통하는 화살이 되기 위해서는 말씀의 인도를 따라야 한다. 성령의 바람을 잘 타야 한다. 믿음의 근거가 하나님의 말씀이 되어야 하고 발걸음의 방향이 성령의 인도하심을 따라야만 한다.

> 무릇 하나님의 영으로 인도함을 받는 사람은 곧 하나님의 아들이라 (롬 8:14).

우리의 여정이 천국 문에 이르러 영원한 하나님 나라에 들어가기까지 그 발걸음을 멈추어서는 안 된다. 더 이상 머뭇거리거나 방황해서는 안 된다.

성령의 세미한 음성을 들으며 하나님과 동행하는 발걸음을 옮겨 보자!
그리고 성령님의 인도하심에 따라 하늘의 천사들과 함께 하나님을 경배하고 찬양하는 영광스러운 삶을 향해 나아가자!
영원한 하나님의 도성 천국을 향해 전진해 나아가자!

> 믿음의 결국 곧 영혼의 구원을 받음이라(벧전 1:9).